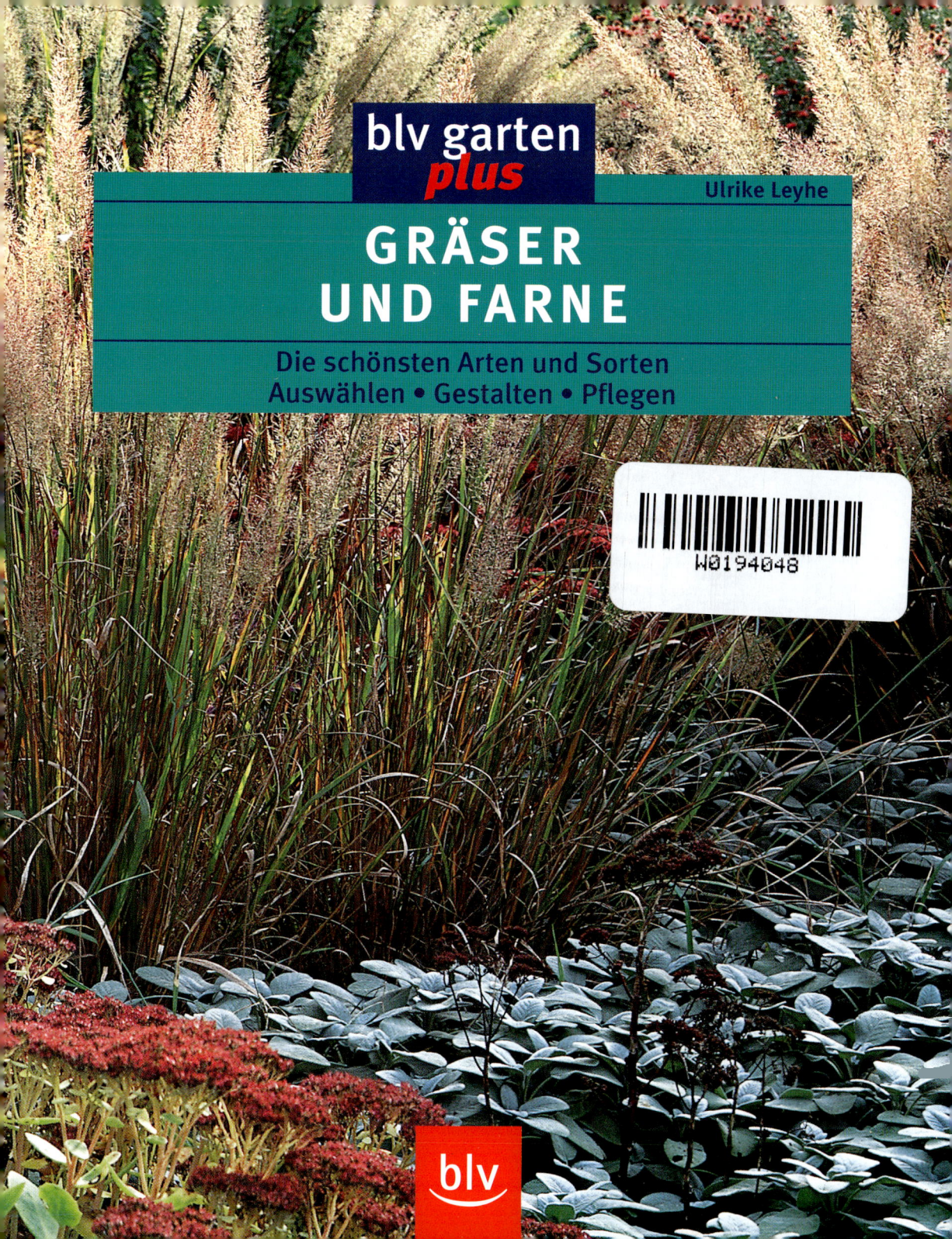

blv garten plus

Ulrike Leyhe

GRÄSER UND FARNE

Die schönsten Arten und Sorten
Auswählen • Gestalten • Pflegen

blv

Inhalt

GRÄSER UND FARNE

Gräser und Farne verwenden und kombinieren   63

Gräser und Farne pflanzen und pflegen   81

Bezugsquellen und Adressen   92

Unscheinbar, aber unverzichtbar

Gräser und Farne haben als grüne Begleiter schon lange Einzug in die Gärten gehalten. Doch hat es auch lange gedauert, bis sie aus ihrem Schattendasein herausgetreten und ihre vielen Vorzüge erkannt wurden. Heute sind Gräser und Farne in der Gartengestaltung bereits unentbehrlich geworden.

Viele Süßgräser zeigen attraktive Blüten- und Fruchtstände, die als Ähren, Trauben oder Rispen bezeichnet werden.

Gräser und Farne als grüne Begleiter

Gräser und Farne werden im gärtnerischen Sprachgebrauch häufig zusammen genannt, obwohl sie rein botanisch gesehen keine verwandtschaftliche Beziehung aufweisen. Gemeinsam ist den beiden Pflanzengruppen, dass bei ihnen der Blattschmuck und die Gestalt im Vordergrund stehen. Zahlreiche Gräser bilden zudem dekorative Blüten aus, während die Farne reine Blattschmuckstauden sind. Als grüne Begleiter oder auch als grüner Rahmen bereichern sie Stauden- und Gehölzpflanzungen.

Etwas Botanik

Gräser und Farne gehören zu den Stauden, wie man gärtne-

◀ In Schattenpflanzungen spielen Gräser und Farne vor allem als Blattschmuckstauden eine wichtige Rolle. Je unterschiedlicher die Blattformen sind, desto interessanter wirkt eine Pflanzung.

risch die mehrjährigen krautigen Pflanzen bezeichnet. Ebenfalls zu den Gräsern zählen die Bambusse, die ausdauernde, aber verholzte Halme bilden und somit zwischen den Stauden und Gehölzen stehen. Neben den staudigen Gräsern gibt es auch eine Vielzahl von einjährigen Gräsern, die einen hohen Schmuckwert aufweisen.

Gräser

Als Gräser bezeichnet man im gärtnerischen Sprachgebrauch die Vertreter der Pflanzenfamilien der Süßgräser (Poaceae), der Sauer- oder Riedgräser (Cyperaceae) und der Binsengewächse (Juncaceae). Mit ihren insgesamt ca. 13 000 Arten bilden sie drei der größten Pflanzenfamilien. Botanisch exakt zählen nur die Süßgräser zu den echten Gräsern. Da aber alle drei Familien sowohl optisch als auch hinsichtlich der Verwendung viele Gemeinsamkeiten aufweisen, werden sie in der

gärtnerischen Praxis auch alle als Gräser bezeichnet.
Am wichtigsten ist die Familie der **Süßgräser**. Sie umfasst rund 9 000 Arten, die über die ganze Erde verbreitet sind und häufig große Flächen bedecken.
Neben den zahlreichen Zierformen enthält die Familie auch eine Reihe wichtiger Nutzpflanzen. Alle unsere Getreidearten, die Wiesen- und Weidegräser, ferner Mais und Zuckerrohr, der Reis wie auch die in den Tropen vorkommenden Bambusse gehören zu den Poaceen.
Das typische Merkmal der Süßgräser sind die runden Halme, die hohl sind und durch Knoten gegliedert werden. An der Basis der Halme oder auch an den Halmen selbst entwickeln

Die Blütenstände der Sauergräser (hier eine Segge) sind optisch weniger auffällig als die der Süßgräser.

sich die Blätter. Die Blüten sitzen meist endständig mit locker rispigen oder schmal ährigen Blütenständen.

Die **Sauergräser** sind an den knotenlosen, dreikantigen und markhaltigen Stängel zu erkennen. Ein Kennzeichen der **Binsengewächse** sind die runden Stängel, die mit Mark gefüllt sind.

Gräserblüten

Gräser zeigen keine auffälligen, sondern eine Vielzahl kleiner, unscheinbarer Blüten. Da sie durch den Wind bestäubt werden, fehlen ihnen die auffälligen, leuchtend bunten Blüten, die sonst die Insekten anlocken. Die zahlreichen kleinen Blüten sind in Ährchen vereinigt, diese wiederum sind als Blütenstand zusammengefasst. Je nach Anordnung werden sie als Ähren, Trauben oder Rispen bezeichnet. Bei vielen Gräsern erhöhen die Blütenstände den Zierwert. Teilweise sind die Deckspelzen der Ährchen mit langen, fedrigen oder glatten Grannen versehen, die z.B. den Federgräsern *(Stipa)* oder der Mähnen-Gerste *(Hordeum jubatum)* einen besonderen Charme verleihen.

Naturstandorte

Betrachtet man das Vorkommen der Gräser in der Natur, so kann man feststellen, dass Vertreter der Gräser von der Meeresküste bis ins Hochgebirge anzutreffen sind; zudem sind sie in allen Erdteilen der Welt beheimatet. Oft bilden sie als landschaftsprägende Elemente den Hauptbestandteil der Vegetation, etwa in den süd- und nordamerikanischen Prärien und Savannen oder den Steppengebieten. Somit sind Gräser in der Natur allgegenwärtig. Dementsprechend findet sich auch für jede Gartensituation und für jeden Standort ein geeignetes Gras.

Bambusse

Eine Sonderstellung innerhalb der Gräser nehmen die Bambusse ein. Die 1500 Arten bilden eine Unterfamilie der **Süßgräser** *(Poaceae)*. Im Unterschied zu den anderen Süßgräsern bilden die Bambusarten verholzende Halme, die ausdauernd sind. Von echten Gehölzen unterscheidet die Bambusse, dass sie kein »sekundäres« Dickenwachstum haben und die Halme bestenfalls 10 Jahre halten.

Die äußere Gestalt

Eine Bambuspflanze besteht aus dem unterirdischen **Rhizom**, dem **Halm** und den beblätterten **Zweigen**.

Bambushalme

Den höchsten Schmuckwert besitzen die Bambushalme. Je nach Art schwankt die Höhe der Halme zwischen 20 cm bis zu 40 m. In unseren Breitengraden erreichen sie nur selten Höhen über 6–8 m. Bambushalme der meisten Bambusarten sind grün gefärbt, aber es gibt auch gelb, braun, schwarz oder rötlich gefärbte Halme. Die Halme können auffällig ein- oder mehrfarbig gefleckt und gestreift sein.

Bambussprosse wachsen sehr schnell, innerhalb von zwei Monaten erreichen sie ihre volle Wuchshöhe. Die Halme kommen bereits in ihrer endgültigen Stärke aus dem Boden, da ihnen ein sekundäres Dickenwachstum fehlt. Zuerst wird der Bambushalm auf seine endgültige Endhöhe geschoben, erst dann entfalten sich die Zweige und Blätter. Die Länge, die ein Halm im Austriebsjahr erreicht, ist somit auch seine endgültige Höhe. Allerdings bilden sich bei jungen Pflanzen und guter Entwicklung in den ersten Jahren nach der Pflanzung jedes Jahr dickere und höhere Halme. Bambushalme haben in der Regel eine Lebensdauer von 5–7 Jahren, danach verbleichen sie, werden trocken und sterben ab.

Belaubung

Bambusblätter sind immergrün; dennoch werden die Blätter nicht besonders alt. Jedes Jahr im Frühjahr wird ein Teil der Blätter ausgewechselt. Die abgeworfenen Blätter sollten als Streu unter den Pflanzen liegen bleiben, da sie leicht verrotten und wertvolle Pflanzennährstoffe für die Bambusentwicklung liefern.

Bambusrhizome

Die Bambushalme wachsen aus unterirdischen Rhizomen. Diese entwickeln sich vor allem im Frühsommer, wenn das Halm- und Zweigwachstum abgeschlossen ist. Mit den Jahren entstehen dicht verzweigte und verflochtene Rhizome. Bei den Bambusarten unterscheidet man zwischen den **horstig wachsenden** und **Ausläufer bildenden Arten**.
Ausschlaggebend für die Wuchsform ist die Form der Rhizome. Die Horst bildenden Bambusse haben kurze, gestauchte Rhizome, die nach oben wachsen und neue Halme bilden. Somit ent-

Bambusrhizome sind sehr spitz und hart. Da ihnen ein sekundäres Dickenwachstum fehlt, zeigen sie sofort ihre endgültige Halmstärke.

stehen Horste mit dicht stehenden Halmen, die sich gleichmäßig in ihrem Umfang vergrößern. Bekannte Beispiele sind die *Fargesia*-Arten.
Ausläufer bildende Bambusse haben lange und schlanke Rhizome, die waagerecht wachsen. Aus den Augen der Rhizome können sich Halme oder neue Rhizome entwickeln. Die Ausläufer können sich über viele Meter und eine größere Fläche ausbreiten, oft liegen sie nur flach unter der Bodenoberfläche.

Bambusblüten

Im Gegensatz zu den Staudengräsern sind die Blüten bei den Bambussen eher unscheinbar und schmucklos. Die Bambus-

Besonders zierend sind die Bambushalme, die häufig grün, aber auch gelb, schwarz oder bräunlich gefärbt sein können.

blüte ist in der Gartenverwendung nicht nur ohne Bedeutung, sondern sogar unerwünscht, da sie die Pflanze bis zum Absterben schwächen kann. Bambusse blühen äußerst selten, je nach Art können die Blühintervalle 20 bis 30 oder sogar 80 bis 120 Jahre betragen.

Bekannt geworden sind blühende Bambusse, als Mitte der Neunziger Jahre weltweit *Fargesia murieliae* geblüht hat. *Fargesia*-Arten verausgaben sich bei der Samenbildung, sodass sie absterben.

Blühende *Pleioblastus*-Arten werden durch die Blüte kaum geschädigt, während blühende *Phyllostachys* nach Rückschnitt und Düngung wieder gut durchtreiben.

Bambusblüten sind eher unerwünscht, da sie bei einigen Arten die Pflanze bis zum Absterben schwächen können.

Bei vielen Farnen sitzen die Sporen in Sporenbehältern auf der Unterseite der Blätter. Einige Arten wie der Königsfarn bilden auch separate Sporenträger aus (kleines Bild).

Farne

Farne zählen zu den ältesten Landpflanzen und sind vor etwa 400 Millionen Jahren entstanden. Die meisten von ihnen sind ausgestorben. Während der sogenannten Farnzeit dominierten die Farne zusammen mit Bärlappgewächsen und Schachtelhalmen die Wälder. Heute bilden sie in Form von Steinkohle einen wichtigen Energielieferanten. Entwicklungsgeschichtlich stellen die Farne den Übergang von den blütenlosen zu den Blütenpflanzen dar. Sie bilden eine eigenständige Gruppe, die im Unterschied zu den Blütenpflan-

zen keine Blüten und Samen, sondern Sporen ausbildet. Im Vergleich zum Erdaltertum existieren heute weitaus weniger Farnarten. Noch existent sind rund 220 Farngattungen mit ungefähr 9000 Arten. Die meisten sind in den Tropen und Subtropen beheimatet, wo einige Arten, die **Baumfarne**, die Größe von Bäumen erreichen. Bei uns sind lediglich 44 Arten heimisch.

Innerhalb der Stauden bilden die Farne eine eigene, scharf abgegrenzte und recht einheitliche Pflanzengruppe. Unsere Freilandfarne sind krautige Pflanzen, die entweder im Herbst ihr

Laub verlieren oder auch winter- bzw. immergrün sind. Farne überraschen durch ihre große Mannigfaltigkeit in der Ausbildung der Blätter, die bei Farnen **Wedel** genannt werden. Diese Wedel sind je nach Art ganzblättrig oder einfach bis vielfach gefiedert. Die Farbpalette der Wedel reicht von Hell- über Dunkelgrün bis hin zu rötlichen und silbergrauen Farbtönen.

Sporen statt Samen

Farne produzieren keine Samen, sondern Sporen. Die Sporenträger sitzen in Sporenbehältern,

Besonders attraktiv ist das Frühlingserwachen der Farne, wenn sich ihre Wedel wie Bischofsstäbe entrollen.

die man als Punkte, Striche oder Tüpfelchen meistens auf der Unterseite der Wedel findet. Es gibt fruchtbare (fertile) und unfruchtbare (sterile) Wedel, bei den sterilen Wedel fehlen die Sporenträger.

Bei den meisten Farnen sind beide Wedelformen äußerlich praktisch gleich. Bei einigen Farnarten unterscheiden sich die sporentragenden Wedel jedoch von den normalen Blättern, ein Phänomen, das als Verschiedenblättrigkeit (Heterophyllie) bezeichnet wird. Unterschiedliche Wedelformen kann man beim Trichterfarn *(Matteuccia struthiopteris)* oder dem Königsfarn *(Osmunda regalis)* beobachten. Beim Trichterfarn folgen im Blattaustrieb eines Jahres auf ausschließlich assimilierende Blätter einige nur der Sporenerzeugung dienende fruchtbare Wedel, die in der Gestalt erheblich von den sterilen Wedeln abweichen. Beim Königsfarn entstehen auf diese Weise im oberen Teil der Wedel ganz der Sporenproduktion dienende Blattabschnitte.

Vom Austrieb der Farne

Besonders reizvoll präsentieren sich Farne während dem Austrieb im Frühjahr. Bereits im

Herbst sind die Wedel für das nächste Jahr ausgebildet. Sie werden von Spreuschuppen (kleinen schuppenartigen Blättchen) ebenso wie vom Herbstlaub und den alten Wedeln geschützt. Nur durch diese Vorarbeit gelingt es den Farnpflanzen, ihre Wedel zu Beginn der Vegetationszeit so schnell zu entfalten. Ein besonders schönes Frühlingserwachen ist das Entfalten bzw. Ausrollen der Blattwedel, die an einen Bischofsstab erinnern.

auf einen blick

- Gräser und Farne spielen als grüne Begleiter in Stauden- und Gehölzpflanzungen eine wichtige Rolle.
- Rein botanisch bestehen zwischen Gräsern und Farnen keine verwandtschaftlichen Beziehungen.
- Gemeinsam ist ihnen, dass sie vorwiegend durch den Blattschmuck und ihre Gestalt wirken.
- Die Farne bilden eine sehr einheitliche Gruppe innerhalb der Stauden, man kann sie auch als reine Blattschmuckstauden bezeichnen.
- Bei den Ziergräsern unterscheidet man einjährige Arten (Annuelle), ausdauernde, krautige Arten (Stauden) und verholzende Arten (Bambusse).

Die schönsten Gräser und Farne

Auch wenn Gräser und Farne erst im 20. Jahrhundert Einzug in die Gärten genommen haben, bieten die Staudengärtnereien und Baumschulen heute doch umfangreiche Gräser- und Farnsortimente an. Aus der Fülle der Arten und Sorten stellen wir hier die schönsten Gräser und Farne vor.

In den Pflanzenporträts werden die Wuchsform sowie Blatt- und Blütenmerkmale beschrieben und Hinweise zu Standortansprüchen, Pflege und Verwendung gegeben. Zur Abrundung finden sich am Ende Sortenempfehlungen. Die Symbolleiste ermöglicht einen schnellen Überblick über Blütezeit, Wuchshöhe und Lichtansprüche.

Botanische Namen

Damit Verwechslungen vermieden werden, sind die botanischen Namen aufgeführt. Im Volksmund gibt es häufig unterschiedliche Bezeichnungen für eine Pflanze, sodass die botanischen Namen unentbehrlich sind. Der botanischen Artname, z. B. *Arundo donax,* wird häufig durch eine Sortenbezeichnung

◀ Neben der Gestalt, der Blattform und -farbe spielen bei vielen Sorten (hier: *Miscanthus sinensis* 'Kleine Fontäne') auch die Blüten eine wichtige Rolle für die Verwendung.

ergänzt, die in Anführungszeichen gesetzt wird, etwa 'Versicolor'. Kreuzungen zwischen zwei Arten werden mit einem × vor dem Artnamen gekennzeichnet. Sie werden auch als Bastarde oder Hybriden bezeichnet. Ein Beispiel bietet die Gattung *Calamagrostis*. Die weit verbreitete Sorte 'Karl Foerster' ist eine Auslese aus einem Naturbastard zwischen *Calamagrostis epigejos* und *Calamagrostis arundinacea*. Das Kreuzungsergebnis heißt *Calamagrostis × acutiflora*. Ein besonders aufrecht wachsender Typ wurde als Sorte selektiert, die nach dem berühmten Staudenzüchter Karl Foerster benannt wurde.

Auswahl der Pflanzenporträts

In den folgenden Beschreibungen finden Sie in alphabetischer Reihenfolge der botanischen Namen eine Auswahl der schönsten Gräser und Farne. Die **Gräser** sind eingeteilt in die **Einjährigen**

Erklärungen zu den Porträts

Symbolleiste:
Die Symbolleiste gibt in Kurzform Auskunft über die Blütezeit, die Wuchshöhe der Stauden und den Lichtanspruch.

Blütezeit
✿ 3–6 Die Zahlen stehen für die Monate der Blütezeit.

Wuchshöhe
↑ 20–40 cm bzw. 30/70 cm Diese Angabe steht für die durchschnittliche Höhe, die entsprechend der Klima- und Standortfaktoren variieren kann. Bei den Gräsern erfolgt die Angabe für Laub- und Blütenhöhe gesondert (30/70 cm): Die erste Zahl steht für die Höhe der Blatthorste, die zweite für die Höhe der Blütenstände.

Lichtansprüche
○ Die Pflanze bevorzugt einen sonnigen Platz.
◑ Die Pflanze braucht einen licht- bis halbschattigen Standort.
● Die Pflanze ist schattenverträglich.

Übersicht der Stauden-Gräser	
Riesengräser (⬆ bis 180 cm)	**Sonnige Standorte** ○
Arundo donax	Breitblättriges Pfahlrohr
Miscanthus giganteus 'Aksel Olsen'	Riesen-Chinaschilf
Miscanthus sinensis (in Sorten)	Chinaschilf
Cortaderia selloana	Pampasgras
Großgräser (⬆ über 100 cm)	**Sonnige Standorte** ○
Calamagrostis × *acutiflora* 'Karl Foerster'	Garten-Sandrohr
Miscanthus sinensis (in Sorten)	Chinaschilf
Panicum virgatum	Ruten-Hirse
Phalaris arundinacea 'Picta'	Weißbuntes Rohr-Glanzgras
Schizachyrium scoparium	Kleines Präriegras
Spartina pectinata 'Aureomarginata'	Goldleisten-Bandgras
Sorghastrum nutans	Goldbartgras
Spodiopogon sibiricus	Zotten-Raugras
Stipa gigantea	Riesen-Federgras
Großgräser (⬆ über 100 cm)	**Halbschattige bis lichtschattige Standorte** ◑–○
Molinia arundinacea	Riesen-Pfeifengras
Mittelhohe Gräser (⬆ über 40 cm)	**Sonnige Standorte** ○
Calamagrostis brachytricha	Diamant-Reitgras
Carex buchananii	Fuchsrote Segge
Festuca mairei	Atlas-Schwingel
Glyceria maxima 'Variegata'	Weißbunter Wasserschwaden
Helictotrichon sempervirens	Blaustrahlhafer
Hystrix patula	Flaschenbürstengras
Koeleria glauca	Blaue Kammschmiele
Pennisetum alopecuroides	Australisches Lampenputzergras
Sporobolus heterolepis 'Wisconsin Strain'	Tropfengras
Stipa calamagrostis	Silberährengras
Stipa capillata	Büschelhaargras
Stipa pulcherrima var. *nudicostata*	Reiher-Federgras

Arten, die wie Sommerblumen ausgesät werden, und die **ausdauernden**, also mehrjährigen krautigen Gräser, die zu den Stauden gehören. Eine dritte Gruppe bilden die verholzenden Gräserarten, die **Bambusse,** die zu den Gehölzen zählen. Die nächste Gruppe bilden die **Farne**, eine Sondergruppe innerhalb der Stauden, da bei ihnen die Blüten fehlen.

Bei vielen Gräsern steht der Blattschmuck im Vordergrund. Mit ihren schmalen Blattformen setzen sie als grüne Begleiter wirkungsvolle Kontraste.

Farne sind reine Blattschmuckstauden, die vor allem mit ihren filigranen Blattwedeln zieren. Besonders attraktiv sind sie während des Austriebs.

Die schönsten Stauden-Gräser

Die staudigen Gräser bieten eine beachtliche Vielfalt. Große Unterschiede zeigen sich vor allem bei Wuchshöhe und Wuchsformen. Unterschiedlich sind auch die Standortansprüche. Als erste Auswahlhilfe sind die staudigen Gräser hier entsprechend ihrer Größen und ihrer Lichtansprüche in vier Gruppen eingeteilt. Somit findet sich für jede Staudenpflanzung auch ein geeignetes Gras, welches die Pflanzung wirkungsvoll bereichern kann.

Übersicht der Stauden-Gräser

Mittelhohe Gräser (↕ über 40 cm)	Halbschattige bis lichtschattige Standorte ◑–○
Carex grayi	Morgenstern-Segge
Carex pendula	Riesen-Segge
Carex muskingumensis	Palmwedel-Segge
Chasmanthium latifolium	Plattährengras
Deschampsia cespitosa	Rasen-Schmiele
Hakonechloa macra 'Aureola'	Gelbbuntes Japangras
Milium effusum 'Aureum'	Gold-Waldhirse
Molinia caerulea	Moor-Pfeifengras
Luzula sylvatica	Wald-Marbel

Kleinwüchsige Gräser (↕ unter 40 cm)	Sonnige Standorte ○
Bouteloua gracilis	Haarschotengras, Moskitogras
Briza media	Herz-Zittergras
Carex montana	Berg-Segge
Festuca amethystina	Regenbogen-Schwingel
Festuca cinerea	Blau-Schwingel
Festuca gautieri	Bärenfell-Schwingel
Festuca ovina	Schaf-Schwingel
Imperata cylindrica 'Red Baron'	Japanisches Blutgras
Melica ciliata	Wimpern-Perlgras
Sesleria autumnalis	Blaugras

Kleinwüchsige Gräser (↕ unter 40 cm)	Halbschattige bis schattige Standorte ◑–○
Carex elata 'Aurea'	Gelbe Steife Segge
Carex morrowii 'Variegata'	Weißbunte Japan-Segge
Carex ornithopoda 'Variegata'	Weißbunte Vogelfuß-Segge
Carex oshimensis 'Evergold'	Gelbbunte Segge
Carex plantaginea	Breitblättrige Segge
Carex remota	Winkel-Segge
Carex sylvatica	Wald-Segge
Luzula nivea	Schnee-Marbel

Arundo donax

Breitblättriges Pfahlrohr
Arundo donax

EXOTISCH ANMUTENDES
SOLITÄRGRAS

 8–9   300/400 cm   ○

Wuchs: Schilfartig, straff aufrecht, breitet sich durch rhizomartige Ausläufer langsam aus.
Blatt: Graugrün, breit lanzettlich, schilfähnlich, spät austreibend.
Blüte: Gedrungene rötliche, später weißlich gefärbte Blütenrispen, kommt in unseren Breitengraden nicht zur Blüte, sichere Blüte nur in Südeuropa.
Standort: Nährstoffreiche, frische bis feuchte Böden, voll-

sonnige und warme Plätze. Empfindlich gegen Winternässe.
Pflege: In raueren Lagen ist ein Winterschutz empfehlenswert. Rückschnitt bereits im Herbst, damit Laubabdeckung aufgebracht werden kann. Während der Vegetationszeit auf gute Wasser- und Nährstoffversorgung achten.
Verwendung: Solitärgras für geschützte Standorte und wintermilde Klimate. Vor Hauswänden, Mauern, in Wassernähe. Größtes Staudengras, das bei uns verwendet wird.
Bewährte Sorte:
• 'Versicolor', weiß gestreifte Blätter, 200 cm. Wesentlich frostempfindlicher als die Art, daher nur als Kübelpflanze mit frostfreier Überwinterung zu empfehlen. Interessante Strukturpflanze mit hohem Zierwert.

Haarschotengras, Moskitogras
Bouteloua gracilis

DEKORATIVES GRAS MIT AUSGEFALLENEM FRUCHTSCHMUCK

 7–9   20/40 cm   ○

Wuchs: Horstartig mit straff aufrechten Blütenhalmen.
Blatt: Bläulich grün, schmal lineal, überhängend, violettbräunliche Herbstfärbung.

Blüte: Zierliche Halme mit waagerecht abstehenden, dunklen Ährchen, die an Schoten oder Moskitos erinnern.
Standort: Durchlässige, nicht zu nährstoffreiche, trockene Böden in voller Sonne. Wärme liebend und nässeempfindlich. Ihre volle Schönheit entfalten sie nur an trockenen, warmen Gartenplätzen.
Verwendung: Steppenhafte Beete, naturnahe Pflanzungen, in Kombination mit Wildstauden.
Pflege: In raueren Lagen ist ein Winterschutz mit einer Laubabdeckung empfehlenswert.

Bouteloua gracilis

Briza media

werden. Rückschnitt der Blatt-horste erst im Frühjahr.

Verwendung: Natur- und Heide-garten, steppenhafte Pflanzun-gen, Steingarten, trockene Ma-gerrasen. Als Schnitt für Trockensträuße.

Bewährte Sorte:
• 'Limouzi', in allen Teilen größer als die Art, 50/80 cm.

Garten-Sandrohr
***Calamagrostis* × *acutiflora* 'Karl Foerster'**

MARKANTER STRUKTURBILDNER MIT ANHALTENDEM SCHMUCKWERT

 6–8   ↑ 60/160 cm   ○–◐

Wuchs: Horstiger Blattschopf mit steif aufrechten Blütenhal-men.

Blatt: Frischgrün, aufrecht, schmal linealisch, sehr früh aus-treibend, ab September leuch-tend ockergelbe Herbstfärbung.

Blüte: Straff aufrechte, schmale Blütenähren, die sich im Spät-sommer ockergelb verfärben.

Standort: Mäßig trockene bis frische Gartenböden, sonnig bis halbschattig. Hitze und kurzzei-tige Trockenheit werden vertra-gen. Hinsichtlich Boden und Feuchtigkeit sehr anspruchslos.

Pflege: Zeitiger Rückschnitt im Spätwinter, da bereits im März

austreibend. Beschattung und zu nährstoffreiche Böden führen zu Standschwäche.

Verwendung: Vielseitig ver-wendbar, auffälliger Gerüst- und Strukturbildner für Rabatten, lichter Gehölzrand, naturnahe Pflanzungen.

Bewährte Sorte:
• 'Overdam', weiß gerandete Blätter, straff aufrecht, 7–9, 50/150 cm. Ein Totalrück-schnitt nach der Blüte bewirkt einen ansehnlichen Neuaus-trieb, der weniger steif auf-recht wächst.

Calamagrostis × *acutiflora* 'Karl Foerster'

Herz-Zittergras
Briza media

ZIERLICHES GRAS MIT GRAZILEM BLÜTENSCHMUCK

 5–8   ↑ 25/40 cm   ○

Wuchs: Locker horstig, kurze Ausläufer bildend.

Blatt: Frischgrün, schmal-blättrig.

Blüte: Vielblütige Rispen mit bräunlich purpurfarbenen, herzförmigen Ährchen, die sich bereits beim kleinsten Wind-hauch bewegen und zittern.

Standort: Trockene bis frische, nicht zu nährstoffreiche Böden in sonniger Lage.

Pflege: Nicht düngen. Aus-schneiden der Blütenrispen, wenn diese unansehnlich

Calamagrostis brachytricha, das Diamant-Reitgras.

Diamant-Reitgras
Calamagrostis brachytricha
(Syn.: *C. arundinacea* var. *brachytricha*, *Achnatherum brachytricha*)

EIN SCHMUCKVOLLER NEULING IM GRÄSERSORTIMENT

 8–10 ↕ 60/100 cm ◯–◖

Wuchs: Halbkugelförmige Horste mit zahlreichen herausragenden Blütenhalmen.
Blatt: Glänzend dunkelgrün, schmal lanzettlich, elegant überhängend.
Blüte: Silbrigrosafarbene, sehr fein verzweigte Blütenrispen, die Wasser- und Tautropfen im Licht wie Diamanten blitzen lassen.

Standort: Durchlässige, frische und nährstoffreiche Böden, sonnig bis halbschattig.
Pflege: Rückschnitt erst im Frühjahr.
Verwendung: Einzeln oder in kleinen Gruppen, als Gerüstbildner in Rabatten, naturnahe Pflanzungen am lichten Gehölzrand. Siehe auch Seite 2/3.

Fuchsrote Segge, Neuseeland-Segge
Carex buchananii

DEKORATIVES GRAS MIT AUSSERGEWÖHNLICHER FARBE

❀ 6–7 ↕ 40/50 cm ◯

Wuchs: Horstig, schopfartig.

Blatt: Fast ganzjährig rotbraun, sehr schmalblättrig, Blattspitze weich übergeneigt.
Blüte: Unauffällige Ähren, Blütenhalme mit je 4–5 ockergelben Ähren, die kaum aus dem Laub herausragen, ohne zusätzliche Schmuckwirkung.
Standort: Durchlässige, frische bis feuchte Böden in sonniger Lage, hinsichtlich der Bodenansprüche anspruchslos.
Pflege: Rückschnitt erst im Frühjahr, bietet reizvollen Winteraspekt. Benötigt in ungeschützten Lagen einen Winterschutz.
Verwendung: Wegen der außergewöhnlichen Farbe gleichermaßen interessant wie schwierig zu verwenden. Spannungsvolle Kontraste entstehen in Pflanzungen mit rotlaubigen Purpurglöckchen *(Heuchera)* und rotblühenden Indianernesseln *(Monarda)* oder in Stachelnüsschen-Teppichen *(Acaena)*.
Ähnliche Art:
- *C. comans* 'Bronze', Neuseeländische Haar-Segge, schopfartige Horste, sehr schmal- und langblättrig, bronzefarbenes Laub, bogig übergeneigt. Ansprüche und Verwendung wie *Carex buchananii*, 30/40 cm.
- *C. comans* 'Frosted Curls', dichte goldbronzefarbene Horste, 30/40 cm.

Goldgelbe Steife Segge
Carex elata 'Aurea'
(= 'Bowles Golden')

WERTVOLLES GOLDGELBES
SCHMUCKGRAS

✿ 4–5　↕ 40/50 cm　

Wuchs: Dichte Horste bildend.
Blatt: Goldgelb mit grünem Rand, besonders farbintensiv während dem Austrieb, schmalblättrig, locker überhängend, früh austreibend, wintergrün.
Blüte: Dichte, ährige Blüten, bräunlich, ohne zusätzlichen Schmuckwert.

Carex elata 'Aurea'

Standort: Humose, frische bis feuchte Böden, licht- bis halbschattig. Sonnige Standorte sind nur bei ausreichender Bodenfeuchte möglich.
Pflege: Rückschnitt erst im Frühjahr. In Trockenperioden wässern.
Verwendung: Interessantes Gras zur Aufhellung von lichtschattigen Gehölzpartien. Besonders wirkungsvoll vor dunklem Hintergrund, schön in Kombination mit Frauenmantel *(Alchemilla mollis)*, Funkien *(Hosta)*, Lungenkraut *(Pulmonaria)* und Beinwell *(Symphytum)*. Am Teich- und Wasserrand.

Morgenstern-Segge
Carex grayi

ANSPRUCHLOSES GRAS MIT
INTERESSANTEM FRUCHTSCHMUCK

✿ 6–8　↕ 50/60 cm　

Wuchs: Horstartig, aufrecht.
Blatt: Frischgrün, schmal, etwas steif bogig überhängend, früher Austrieb, im Herbst lange grün bleibend.
Blüte: Auffällige, morgensternähnliche Fruchtstände.
Standort: Sehr anspruchslos, wächst in allen Gartenböden, frisch bis feucht, verträgt selbst trockene Böden und seichten

Carex grayi

Wasserstand, sonnig bis halbschattig.
Pflege: Rückschnitt im zeitigen Frühjahr. Gießen in Trockenperioden.
Verwendung: Naturnahe Pflanzungen, am Wasserrand und Gartenteich. Fruchtstände auch als Trockenschmuck interessant.

Berg-Segge
Carex montana

DAUERHAFT ANSPRECHENDES
GRAS

✿ 3–4　↕ 15/25 cm　

Wuchs: Dichte, schopfartige Horste.

Ausgefallene Gräsersortimente und -raritäten findet man auch auf den verschiedenen Gartentagen, die sich mittlerweile quer durch Deutschland etabliert haben. Die Termine werden in den verschiedenen Gartenzeitschriften veröffentlicht.

Blatt: Frischgrün, schmal- und langblättrig, sehr früh austreibend, goldbraune Herbstfärbung.
Blüte: Schwefelgelbe, pinselartige Blütenstände, früh blühend.
Standort: Kalkhaltige, trockene bis frische Lehmböden, sonnig bis lichtschattig, Wärme liebend.

Carex morrowii 'Variegata', die Weißbunte Japan-Segge.

Pflege: Rückschnitt erst im Frühjahr. Wenn die Gräser aus der Mitte heraus verkahlen, sollten die Horste verjüngt werden.
Verwendung: Steppenpflanzungen, Trockenmauern, Felsfugen, Steingarten, sonniger Gehölzrand.

Weißbunte Japan-Segge
Carex morrowii 'Variegata'

BEWÄHRTES IMMERGRÜNES GRAS

 4   30/40 cm

Wuchs: Halbkugelförmige, dichte Horste, mit der Zeit sehr breit werdend.

Blatt: Dunkelgrün mit schmalen cremeweißen Streifen am Rand, breit lineal, zuerst straff aufrecht, später locker übergeneigt, immergrün, das ganze Jahr über ansprechend.
Blüte: Kleine, gelbe Blütenähren, die kaum aus dem Laub herausragen.
Standort: Humose, frische bis feuchte Böden, halbschattig bis schattig. Empfindlich gegen Trockenheit und Nässe. Sonnige Standorte sind nur bei ausreichender Bodenfeuchte möglich, aber problematisch wegen Frosttrockenis im Winter.
Pflege: Unansehnliche Blätter im Frühjahr entfernen. Wenn der ganze Horst verbräunt ist, hilft ein Totalrückschnitt, die Gräser treiben willig wieder aus. In Trockenperioden wässern.
Verwendung: In kleinen Gruppen, Gehölzunterpflanzung, Rhododendrongarten, im Mauerschatten, in Schattenpflanzungen zusammen Funkien *(Hosta)*, Lungenkraut *(Pulmonaria)*, Elfenblumen *(Epimedium)*, Schaumblüte *(Tiarella)*.
Bewährte Sorte:
• *C. m.* subsp. *foliosissima* 'Ice Dance', cremefarbig gestreifte Blätter, auffälliger gefärbt als bei 'Variegata', wintergrün. Ausläuferbildung, 30/40 cm.

Carex muskingumensis

Palmwedel-Segge
Carex muskingumensis

AUFRECHTES GRAS MIT
EIGENWILLIGER GESTALT

✿ 7–8 ↑ 60/70 cm ◯–◑

Wuchs: Dichte Horste.
Blatt: Frischgrün, aufrechte Halme, die auf ganzer Länge mit schmal lanzettlichen Blättern besetzt sind, ähnlich wie Palmwedel.
Blüte: Endständige, kurze braune Blütenähren.
Standort: Humos-lehmige, frische bis feuchte Böden, sonnig bis halbschattig.
Pflege: Ältere Horste neigen zu Standschwäche, daher regelmäßig verjüngen. Standfester sind die Sorten.
Verwendung: Teich, Wasserrand, Gehölzrandbereich.

Bewährte Sorten:
• 'Wachtposten', ähnlich wie die Art, aber standfester.
• 'Silberstreif', Blätter grün mit weißen Streifen, schwachwüchsiger als die Art, 50/60 cm.

Weißbunte Vogelfuß-Segge
Carex ornithopoda 'Variegata'

WEISSBUNTES ZWERGGRAS

✿ 6–7 ↑ 15/20 cm ◑

Wuchs: Dichte, gedrungene Horste.
Blatt: Frischgrün mit weißen Längsstreifen, schmal lineal, überhängend, wintergrün.
Blüte: Zierliche Blütenähren, die vogelfußartig zusammenstehen und krallenförmig gebogen sind, wenig auffallend.
Standort: Lockere humose, frische Böden, licht- bis halbschattig. Wärme liebend und kalkhold.
Pflege: Rückschnitt erst im Frühjahr.
Verwendung: In kleinen Gruppen verwenden, als Blatt- und Farbkontrast zwischen schwachwüchsigen Arten und Sorten von Halbschatten- und Schattenstauden wie Funkien *(Hosta)*, Purpurglöckchen *(Heuchera)* und Lungenkraut *(Pulmonaria)*.

Gelbbunte Segge
Carex oshimensis 'Evergold'
(Syn.: *C. hachijoensis* 'Evergold')

WERTVOLLES ZWERGGRAS

✿ 4–5 ↑ 20/30 cm ◑–●

Wuchs: Zierliche Horste.
Blatt: Frischgrün mit auffällig gelbem Mittelstreifen, sehr schmalblättrig, immergrün.
Blüte: Dünne Blütenhalme mit winzigen Ähren, ohne zusätzlichen Zierwert.
Standort: Locker humose, frische Böden. Dauerhafter Blattschmuck in geschützten halbschattigen und schattigen Gartenpartien.
Pflege: Nach dem Winter unansehnliche Blätter entfernen oder bei Bedarf auch Totalrückschnitt. Ein Winterschutz und

Carex oshimensis 'Evergold'

Die Gräsern werden entsprechend ihrer Belaubungsdauer in sommer-, winter- und immergrüne Gräser unterteilt. Der Rückschnitt der Gräser sollte erst im Frühjahr erfolgen.

ein vor Wintersonne geschützter Standort sind empfehlenswert.
Verwendung: In kleinen Gruppen verwenden. Effektvolle Aufhellung von Gehölz- und Gehölzrandpflanzungen. Im Schatten von Mauern und Hauswänden, Innenhöfe.
Ähnliche Art:
• C. conica 'Snowline', flache, breit auseinanderfallende Horste, dunkelgrün mit weißem Rand, schmal lineal, langblättrig, immergrün, 15/20 cm. Ansprüche und Verwendung wie C. oshimensis 'Evergold'.

Riesen-Segge, Hänge-Segge
Carex pendula

AUSDAUERNDES IMMERGRÜNES SOLITÄRGRAS

❀ 5–6   ↑ 50/150 cm   ◑-●

Wuchs: Stattliche Horste, breit buschig.
Blatt: Glänzend dunkelgrün, breit lineal, bogig überhängend, immergrün.

Blüte: Elegant geschwungene Blütenstände mit hängenden Ähren, weit aus dem Horst herausragend.
Standort: Frische bis feuchte, humos-lehmige, nicht zu kalkhaltige Böden, halbschattig bis schattig. Insgesamt wenig anspruchsvoll. Sonnige Standorte nur bei ausreichender Bodenfeuchte möglich, aber problematisch wegen Frosttrocknisgefahr im Winter.
Pflege: Unansehnliche Horste werden im Frühjahr ausgeputzt oder auch komplett zurückgeschnitten, sie treiben willig wieder aus. Verbreitet sich durch Selbstaussaat, nicht erwünschte Sämlinge entfernen. Platzbedarf nicht unterschätzen!

Verwendung: Einzeln oder gruppenweise, im Unterwuchs von Gehölzen, naturnahe Pflanzungen, Schattenpflanzungen. Guter Nachbar für ähnlich wüchsige Schattenstauden wie Schaublatt (Rodgersia), Funkien (Hosta), Geißbart (Aruncus dioicus) und Farne.

Breitblatt-Segge
Carex plantaginea

ATTRAKTIVE BLATTSCHMUCKSTAUDE

❀ 5–6   ↑ 20/30 cm   ◑-●

Wuchs: Flache breite Horste, durch kurze Ausläufer mit der Zeit teppichartig.

Carex plantaginea, die Breitblatt-Segge.

Blatt: Dunkelgrün, breit lineal, vielnervig, wintergrün.
Blüte: Schmale, hellgelbe Blütenähren.
Standort: Humos-lehmige, mäßig trockene bis frische Böden, halbschattig bis schattig. Bei sonnigem Stand können Probleme mit Frosttrocknis auftreten. Nässeempfindlich.
Pflege: Rückschnitt im Frühjahr.
Verwendung: Hübsches Blattschmuckgras für Halbschatten- und Schattenpflanzungen. In kleinen Gruppen als Kontrast zu Lungenkräutern *(Pulmonaria)*, Funkien *(Hosta)*, Schaumblüte *(Tiarella)*, Elfenblumen *(Epimedium)* und Farnen.
Ähnliche Art:
• *C. siderosticha* 'Variegata', Weißbunte Breitblatt-Segge, ähnlich, aber auffällig weiß gestreift und sommergrün, 20/30 cm. Ansprüche wie *C. plantaginea*.

Zyperngras-Segge, Tränen-Segge
Carex pseudocyperus

WÜCHSIGES GRAS FÜR DEN WASSERGARTEN

 6–9   40/80 cm

Wuchs: Locker horstig bis rasenartig.

Blatt: Dunkelgrün, breit lanzettlich, scharfkantig, locker überfallend.
Blüte: Dreikantige Blütenhalme mit übergeneigten Fruchtständen, an langen Stielen pendeln walzenförmige, grüne Blütenähren, später strohgelb gefärbt. Auch als Trockenschmuck geeignet.
Standort: Feuchte, zeitweilig überschwemmte, nährstoffreiche und kalkhaltige Böden in warmen Lagen, sonnig bis halbschattig.
Pflege: Die Art versamt sich und wuchert etwas, deshalb ist eine Gefäßpflanzung bei geringem Platzangebot vorzuziehen.
Verwendung: Sumpfbeete, flache Wassergärten mit einem Wasserstand von 10–30 cm, Wasser- und Teichrand.

Winkel-Segge
Carex remota

HEIMISCHES GRAS MIT GROSSER SCHMUCKWIRKUNG

 5–7   40/45 cm

Wuchs: Schopfartige Blatthorste.
Blatt: Frischgrün, sehr schmalblättrig, bogig überhängend.
Blüte: Kleine Ährchen, vor allem am Ende der übergeneigten Blütenhalme.

Carex pseudocyperus

Standort: Frische bis feuchte, auch nasse, nährstoffreiche, humose Lehmböden, halbschattig bis schattig.
Pflege: Nach der Blüte die Horste schopfartig zusammenfassen und die Fruchtstände einkürzen, um Versamung vorzubeugen.
Verwendung: Die zierlichen Blattschopfe setzen spannungsvolle Kontraste zwischen niedrigen Halbschatten- und Schattenstauden. Bewährte Begleiter sind Bergenien *(Bergenia)*, Stinkende Nieswurz *(Helleborus foetidus)*, Mandelblättrige

Chasmanthium latifolium

Wolfsmilch (*Euphorbia amygda-loides* 'Purpurea'), Frauenmantel *(Alchemilla mollis)* und Farne.
Ähnliche Art:
- *C. caryophyllea* 'The Beatles', Schopf-Segge, dichte, breit fallende Blattschöpfe, dunkelgrün, sehr schmal- und langblättrig, 3–4, 20/35 cm. Wuchskräftig und anpassungsfähig. Ansprüche und Verwendung wie *C. remota*.

Cortaderia ist zweihäusig, im Handel überwiegen die weiblichen Sorten, die schmuckvollere Blüten aufweisen.

Wald-Segge
Carex sylvatica

HEIMISCHES SCHATTENGRAS

✿ 5–6   ⬆ 40/70 cm

Wuchs: Lockere Horste.
Blatt: Glänzend dunkelgrün, breit lineal, überhängend, immergrün.
Blüte: Nickende Ähren auf leicht gebogenen Blütenstielen.
Standort: Humos-lehmige, frische bis feuchte, nährstoffreiche Böden, halbschattig bis schattig.
Pflege: Versamt sich ohne dabei lästig zu werden. Wintergeschädigte Horste im Frühjahr ausputzen oder bei starker Schädigung auch ganz zurückschneiden. Die Horste regenerieren sehr schnell.
Verwendung: Lichte Gehölzpartien, Gehölzränder, in Kombination mit Schattenstauden und Farnen, Gehölzunterpflanzung.

Plattährengras
Chasmanthium latifolium
(Syn.: *Uniola latifolia*)

SCHMUCKGRAS MIT AUFFÄLLIGEM FRUCHTSCMUCK

✿ 8–10   ⬆ 70/100 cm

Wuchs: Locker horstig, aufrecht.
Blatt: Frischgrüne Blätter, breit linealisch, Blütenhalme reich

beblättert, spät austreibend, prachtvolle goldgelbe Herbstfärbung.
Blüte: Endständige, lockere Blütenrispen, die mit flachen (wie platt gedrückten), grünlichen Ähren besetzt sind, nach der Blüte gelbbraun gefärbt.
Standort: Frische bis feuchte, nährstoffreiche Böden, optimal sind Lehmböden. Sonnig, Wärme liebend.
Pflege: Rückschnitt erst im Frühjahr.
Verwendung: Am Teich, auf feuchten Rabatten, Gehölzrand. Einzeln oder in kleinen Gruppen. Auch als Trockenschmuck.

Pampasgras
Cortaderia selloana

IMPOSANTES SOLITÄRGRAS

✿ 9–10   ⬆ 80/250 cm

Wuchs: Schopfartige Blatthorste, die von den Blütenständen weit überragt werden.
Blatt: Graugrün, schmal linealisch, elegant übergeneigt. Wintergrün, sehr scharfkantig, später Austrieb im Mai.
Blüte: Silbrigweiße, fedrige Blütenrispen auf hohen Halmen.
Standort: Frische, durchlässige und nährstoffreiche Böden in sonnig warmer Lage.

Pflege: Pflanzung ausschließlich im späten Frühjahr. Pampasgras braucht im Sommer viel Feuchtigkeit, im Winter dagegen einen möglichst trockenen Stand, empfindlich gegen Winternässe. Ein trockener Winterschutz ist ratsam. Im Spätherbst die Blatthorste schopfartig zusammenbinden und mit trockenem Laub und Reisig einpacken. Rückschnitt erst im Frühjahr.
Verwendung: Solitärgras für Rabatten, vor Hauswänden.
Bewährte Sorten:
- 'Sunningdale Silver', 80/250 cm, silbrig glänzende, lockere Blütenrispen. Stattlichste, aber auch eleganteste Sorte.
- 'Pumila', 50/120 cm, kompakte, silbrigweiße Blütenrispen.

Rasen-Schmiele
Deschampsia cespitosa

HEIMISCHES GRAS FÜR DEN GEHÖLZRAND

❀ 6–8   ↕ 30/100 cm   ◐–●

Wuchs: Horstartig, halbkugelförmige Blattschöpfe.
Blatt: Dunkelgrün, schmal lineal, früher Austrieb, raublättrig.
Blüte: Große, duftige Blütenschleier auf hohen Halmen, goldgelbe Herbstfärbung.

Standort: Alle frischen bis feuchten, humos-lehmigen Böden, licht- bis halbschattig, schattig, bei ausreichender Bodenfeuchte auch sonnig. Insgesamt anspruchslos.
Pflege: Rückschnitt erst im Frühjahr. Die Art versamt sich stark, daher sind die Sorten für die Gartenverwendung besser geeignet.
Verwendung: Naturgarten, Gehölzrand, wiesenartige Pflanzungen, vor dunklen Gehölzen.
Bewährte Sorten:
- 'Goldgehänge', goldgelbe, überhängende Blütenrispen, 50/100 cm.
- 'Goldschleier', aufrechte, silbriggrüne Blütenstände, die sich später goldgelb verfärben, 40/90 cm.
- 'Tauträger', zierliche Blütenrispen, späte Blüte ab August, 40/90 cm.

Breitblättriges Wollgras
Eriophorum latifolium

HORSTIGES SUMPFGRAS MIT AUFFÄLLIGEM FRUCHTSCHMUCK

❀ 4–6   ↕ 40/60 cm   ○

Wuchs: Horstig, ausdauernd.
Blatt: Frischgrün, flach, lanzettlich.

Cortaderia selloana 'Sunningdale Silver'

Deschampsia cespitosa 'Tauträger'

Blüte: Blüte unscheinbar, seidig weiße, wollige Fruchtstände, büschelartig angeordnet.
Standort: Feuchte, nasse, bis 5 cm überstaute, nährstoffarme, moorige Böden, sonnig.
Pflege: Pflegeleicht.
Verwendung: Sumpf- oder Moorbeet, feuchte Uferzonen des Gartenteichs, flache Teichbereiche. Fruchtstände auch als Trockenschmuck.
Ähnliche Art:
• *E. angustifolium,* Schmalblättriges Wollgras, wuchert mit Ausläufern, schmallaubig, blühfaul, nur für größere Wasserbereiche, 30/40 cm.

Festuca cinerea 'Azurit'

Regenbogen-Schwingel
Festuca amethystina

HORSTGRAS MIT
REGENBOGENFÄRBUNG

 6–7   ⬆ 30/50 cm   ○

Wuchs: Flache Horste bildend.
Blatt: Blaugrün, fast nadelförmig, sehr feinblättrig, etwas überhängend, wintergrün.
Blüte: Lockere, bogig überhängende Blütenähren. Im Laufe des Sommers verfärben sich die Blätter und Blütenhalme vielfarbig, sie zeigen kupfrige bis violette Tönungen, die einer Regenbogenfärbung ähneln.
Standort: Durchlässige, trockene, mäßig trockene bis frische Böden, sonnig warm.
Pflege: Rückschnitt erst im Frühjahr. Unansehnlich werdende Blüten vorzeitig ausschneiden.
Verwendung: Naturnahe Pflanzungen, Kiesbeete, steppenhafte Beete.

Blau-Schwingel
Festuca cinerea (Syn.: *F. glauca*)

SORTENREICHES ZWERGGRAS

 6–7   ⬆ 30/40 cm   ○

Wuchs: Halbkugelförmige Polster, igelartig abstehendes Laub.

Blatt: Graublau, fein borstig, schmal lineal.
Blüte: Lockere, blaugrüne Rispen, die nach der Blüte schnell vergilben.
Standort: Durchlässige, nährstoff- und humusarme Böden, vollsonnige warme Gartenplätze. Hitze- und trockenheitsverträglich. Nährstoffreiche und feuchte Böden sowie Beschattung haben Vergrünung und Kurzlebigkeit zur Folge. Auf trockenen mageren Standorten ist die Blaufärbung der Sorten am intensivsten.
Pflege: Nach der Blüte verunzieren die vergilbten Blüten den Gesamteindruck, durch Ausrupfen der Blüten gewinnen die Horste ihre Schönheit zurück.
Verwendung: Einzeln oder in kleinen Gruppen verwenden, Steppenpflanzungen, Kiesbeete, Steingarten, Trogbepflanzungen.
Bewährte Sorten:
Besonders auffällige Blautöne zeigen die Sorten:
• 'Azurit', silbrigblau, 20/40 cm.
• 'Blaufink', blausilbrig, 25/60 cm.
• 'Blaufuchs', stahlblau, bis zum Herbst intensiv gefärbt, 15/25 cm.
• 'Frühlingsblau', graublau, 25/40 cm.
• 'Meerblau', stahlblau, 25/60 cm.

Bärenfell-Schwingel
Festuca gautieri
(Syn.: *F. scoparia)*

POLSTERFÖRMIGES ZWERGGRAS

♣ 6–7 ↕ 15/25 cm ◐–◑

Wuchs: Halbkugelige Horste, mit der Zeit dichte Rasenpolster bildend.
Blatt: Frischgrün, feinblättrig, nadelförmig, starr, etwas stechend, wintergrün.
Blüte: Gelblich grüne Blütenrispen, die wie ein Schleier über dem Horst liegen, schnell vergilbend.
Standort: Durchlässige, nährstoffarme, mäßig trockene bis frische Böden, absonnig bis halbschattig. Nur auf mageren Böden dauerhaft. Besonnung im Winter vermeiden.
Pflege: Platzbedarf nicht unterschätzen, denn zusammenwachsende Polster vergreisen sehr früh. In der Mitte verkahlte Polster aufnehmen und verjüngen.
Verwendung: Nicht flächig als Bodendecker verwenden, sondern einzeln oder in kleinen Gruppen. Steppenheide, Heidegarten, Trogbepflanzungen.
Bewährte Sorte:
• 'Pic Carlit', zierlicher und kompakter als die Art, frischgrün, 10/15 cm.

Festuca mairei

Atlas-Schwingel
Festuca mairei

GRÄSERSCHOPF MIT SCHÖNEM LINIENSPIEL

♣ 6–7 ↕ 50/100 cm ○

Wuchs: Dichte Horste.
Blatt: Graugrün, schmal lineal, scharfkantig, bogig überhängend.
Blüte: Schlanke Blütenrispen, elegant geschwungen, frühe Blüte, bereits im Sommer trocken und vergilbt.
Standort: Durchlässige, sandig-lehmige Böden, mäßig trocken bis frisch, vollsonnige Lagen.
Pflege: Rückschnitt erst im Frühjahr, schöner Herbst- und Winterschmuck.

Festuca gautieri, der Bärenfell-Schwingel.

Glyceria maxima 'Variegata', der Bunte Wasserschwaden.

Verwendung: Steppenpflanzungen, Heidegarten, Steingarten, Trogbepflanzungen.
Bewährte Sorten:
• 'Harz', blaugrün, 20/30 cm.
• 'Seeigel', meergrün, 20/30 cm.
• 'Solling', graugrün, 20/30 cm.

Bunter Wasserschwaden
Glyceria maxima 'Variegata'

WÜCHSIGES WEISSBUNTES GRAS

✿ 7–8   ↑ 60/80 cm

Wuchs: Wuchert, starke Ausbreitung durch Rhizome.
Blatt: Blattränder grün, Blattmitte gelbweiß und grün gestreift, Austrieb rötlich und weiß getönt.
Blüte: Aufrechte Blütenhalme, stark verzweigte Blütenrispen.
Standort: Frische bis feuchte Gartenböden, aber auch am Wasserrand, Sumpfzonen bis zu 15 cm Wasserstand. Sonnig.
Pflege: Ausbreitungsdrang beobachten und in Zaum halten. Nur für größere Teichanlagen geeignet, in kleineren Becken Gefäßpflanzung bevorzugen.
Verwendung: Vielseitig verwendbar, da im normalen Gartenboden ebenso wuchskräftig wie im seichten Wasser.

Verwendung: Solitärgras, einzeln oder in kleinen Gruppen, steppenhafte Pflanzungen, naturnahe Gärten, Südböschungen, sonnige Terrassenbeete.

Schaf-Schwingel
Festuca ovina

HALBKUGELIGES ZWERGGRAS

✿ 6–7   ↑ 20/30 cm   ○

Wuchs: Halbkugelförmige, dichte Horste, Grashalme strahlenförmig abstehend.
Blatt: Grün bis graugrün, schmal lineal, steif aufrecht, früh austreibend.
Blüte: Grünlich, schmale Blütenrispen, nach der Blüte eher unschön.
Standort: Durchlässige, trockene und nährstoffarme Böden, vollsonnig warm. Magere Böden fördern die Langlebigkeit, überernährte Gräserhorste altern sehr früh.
Pflege: Wenn die Blüten unansehnlich werden, können diese büschelweise ausgerupft werden. Bei Verkahlung der Horste von innen, sollten diese durch Teilung verjüngt werden.

Gelbbuntes Japangras
Hakonechloa macra 'Aureola'

AUFFÄLLIGES GELBBUNTES
SCHMUCKGRAS

✿ 8–10   ↕ 40/45 cm   ◑

Wuchs: Schopfartige Horste, die sich durch kurze Ausläufer langsam ausbreiten.
Blatt: Leuchtend gelbgrün gestreift, linealisch, elegant übergeneigt, rötlich getönt bei Austrieb und Herbstfärbung.
Blüte: Goldgelb, lockere Blütenrispen, kaum über dem Laub stehend.
Standort: Frische bis feuchte, durchlässige, humose und nähr-

Hakonechloa macra 'Aureola'

stoffreiche Böden, licht- bis halbschattig, in kühlen Klimaten auch sonnig. Vergrünt mit zunehmender Beschattung.
Pflege: In rauen Lagen ist ein Winterschutz erforderlich. Rückschnitt erst im Frühjahr.
Verwendung: Gehölzunterpflanzung, zeigt in Kombination mit Purpurglöckchen *(Heuchera)*, Bergenien *(Bergenia)*, und Frauenmantel *(Alchemilla mollis)* attraktive Farb- und Blattkontraste. Auch für Kübel- und Trogbepflanzungen.

Blaustrahlhafer
Helictotrichon sempervirens

GRÖSSTES BLAU GEFÄRBTES
ZIERGRAS

✿ 7–8   ↕ 50/120 cm   ○

Wuchs: Vielstrahlige Horste.
Blatt: Bläulich grau, schmalblättrig, wintergrün, früher Austrieb.
Blüte: Gelblich braune, lockere Rispen auf hohen Halmen.
Standort: Mäßig trockene bis trockene, durchlässige und nährstoffarme Böden in voller Sonne. Hitzeverträglich.
Pflege: Rückschnitt erst im Frühjahr. Auf durchlässigen, nährstoffarmen Böden sehr langlebig. Beschattung und übermäßige Nährstoffversor-

Helictotrichon sempervirens 'Saphirsprudel'

gung fördern das Vergrünen der Horste, außerdem Rostbefall und Fäulnis. Die trockenen Blütenhalme können bereits im Sommer entfernt werden, wenn sie unansehnlich werden. Komplettrückschnitt erst im Frühjahr.
Verwendung: Auf trockenen Gartenplätzen und Rabatten, zusammen mit anderen blau- und silberlaubigen Stauden wie Katzenminze *(Nepeta)*, Bart-Iris *(Iris-*Barbata-Hybriden), Lavendel *(Lavandula)* oder Eselsohr *(Stachys byzantina)*.
Bewährte Sorte:
• 'Saphirsprudel', blaugrün, weniger für Rost (Pilzkrankheit) anfällig als die Art, 50/120 cm.

Hystrix patula

Flaschenbürstengras
Hystrix patula

STEPPENGRAS MIT AUFFÄLLIGEM
FRUCHTSCHMUCK

 6–8   50/90 cm

Wuchs: Lockere Horste, straff aufrecht, schwachwüchsig.
Blatt: Frischgrün, aufrechte Halme mit schilfartig überhängenden Blättern, rotbraune Herbstfärbung.
Blüte: Weißlich grün, lockere Ähren mit steif abstehenden Grannen, ähnlich geformt wie Flaschenbürsten, später bräunlich gefärbt.
Standort: Mäßig trockene bis frische, sandig-humose und sandig-lehmige Böden, sonnig bis absonnig. Empfindlich gegen Winternässe.

Pflege: Die Art ist meist nur kurzlebig, erhält sich aber an zusagenden Standorten durch Selbstaussaat.
Verwendung: Heide- oder Steppengarten, wiesenhafte Pflanzungen, auch als Trockenblume interessant.

Japanisches Blutgras
Imperata cylindrica 'Red Baron'

ZWERGGRAS MIT INTENSIVER
ROTFÄRBUNG

 –   30–40 cm

Wuchs: Locker horstig, breitet sich durch kurze Ausläufer langsam aus.

Blatt: Frischgrün, schmal lineal, straff aufrecht, verfärbt sich im Laufe des Sommers leuchtend rot.
Blüte: Kommt in Europa nicht zur Blüte.
Standort: Frische und nährstoffreiche Gartenböden, sonnig, Wärme liebend. Auch lichtschattige Standorte möglich, allerdings ist die Rotfärbung dann weniger ausgeprägt.
Pflege: Winterschutz erforderlich, sinnvoll ist eine Abdeckung mit trockenem Laub und Reisig.
Verwendung: Als roter Farbakzent in Staudenrabatten. Sonniger, nicht zu trockener Gehölzrand. Wirkungsvoll auch als Trog- und Kübelbepflanzung.

Imperata cylindrica 'Red Baron', das Japanische Blutgras.

Juncus effusus 'Spiralis'

Spiral-Binse
Juncus effusus 'Spiralis'

BINSE MIT KORKENZIEHERARTIGEN HALMEN

 6–8 40/60 cm

Wuchs: Horstig, kompakt buschig.
Halm: Glänzend gelblich grüne Stängel, spiralig gedreht.
Blüte: Braune, hängende Einzelblüten, büschelig angeordnet.
Standort: Feuchte bis nasse, nährstoffreiche und kalkarme Böden, verträgt auch flachen Wasserstand von 5–10 cm Wasserstand, sonnig bis halbschattig.
Pflege: Pflegeleicht.
Verwendung: Sumpfbeet, Teichrand, Seichtwassserbereiche.

Weitere Arten:
• *J. ensifolius*, Zwerg-Binse, rasenartiger Wuchs, 20/30 cm.
• *J. inflexus*, Blaugrüne Binse, bildet dichte blaugrüne Polster, 50/60 cm.

Blaue Kammschmiele, Schillergras
Koeleria glauca

IGELARTIGES HORSTGRAS FÜR MAGERE STANDORTE

 6–7 15/25 cm ◯

Wuchs: Buschige Horste.
Blatt: Blaugrün, schmal lineal, Halme am Grund zwiebelartig verdickt. Blätter vertrocknen häufig nach der Blüte, treiben aber nach kurzer Regenerationszeit willig wieder aus.
Blüte: Braungrüne dichte Ähren, überreich blühend, aber nicht jedes Jahr.
Standort: Durchlässige und trockene, nährstoffarme, sandige, auch kalkhaltige Böden, sonnig. Auf zu nähstoffreichen Böden erschöpft sich das Gras durch überreichen Blütenansatz und ist dort nur kurzlebig.
Pflege: Rückschnitt erst im Frühjahr.
Verwendung: Felssteppen, Steppenheide, Kiesgarten.

Schnee-Marbel
Luzula nivea

WINTERGRÜNES GRAS FÜR DEN SCHATTENGARTEN

 6–7 20/40 cm

Wuchs: Lockere Horste, die sich rasenartig entwickeln.
Blatt: Dunkelgrün, schmal lineal, Blattrand dicht bewimpert, übergeneigt, wintergrün.
Blüte: Weiße, büschelig angeordnete Blüten auf hohen Halmen.
Standort: Frische, humose Lehmböden, licht- bis halbschattig.
Pflege: Rückschnitt erst im Frühjahr. Ausbreitung beobachten, bei Bedarf verkleinern.
Verwendung: Wurzeldruck- und schattendruckverträglich. Schattiger Naturgarten. Gehölzrand, vor und unter Gehölzen, Schattenpflanzungen.

Luzula nivea

Luzula sylvatica

Wald-Marbel, Wald-Hainsimse
Luzula sylvatica

ROBUSTES GRAS FÜR DEN
GEHÖLZBEREICH

 4–5   30/80 cm

Wuchs: Locker horstig, bildet durch kurze Ausläufer rasenartige Teppiche.
Blatt: Glänzend dunkelgrün, Blattrand bewimpert, winter- bis immergrün, früher Austrieb.
Blüte: Braune Blütenähren, reich verzweigt.
Standort: Frische bis feuchte, humusreiche Böden, lichtschattig bis schattig. In kühlen luftfeuchten Lagen und bei Schutz vor Wintersonne zuverlässig winter- bis immergrün.
Pflege: Wenn das Laub über Winter geschädigt wurde, im zeitigen Frühjahr zurückschneiden. Ausbreitung beobachten und bei Bedarf verkleinern.
Verwendung: Verträgt Wurzel- und Schattendruck. Gehölzrand, Unterpflanzung von Gehölzen, kleinflächig und mosaikartig einsetzen, in Kombination mit konkurrenzstarken Schattenstauden und Farnen.
Bewährte Sorten:
- 'Hohe Tatra', kräftiger und höher als die Art, frischgrün, aufrechte Rosetten, 40/90 cm.
- 'Marginata', Silberrand-Marbel, Blätter deutlich silbrig gerandet, 20/40 cm.
- 'Tauernpass', frischgrün, niedriger als die Art, bildet flache, große Blattrosetten, 20/40 cm.
- 'Wintergold', intensiv goldgelb gefärbt, 20/40 cm.

Wimpern-Perlgras
Melica ciliata

EIN PERLGRAS FÜR SONNIG
TROCKENE STANDORTE

 5–6   30/60 cm   ○

Wuchs: Locker horstig.
Blatt: Graugrün, schmal lanzettlich, meist gerollt, starr aufrecht.
Blüte: Silbrigweiße, dichte walzenförmige Ährenrispen, die sich nach der Blüte fahlgelb verfärben, lange Wirkung.
Standort: Durchlässige, trockene und kalkhaltige Böden, kiesig-steinig, sonnig warm. Auf zu feuchten Standorten standschwach.
Pflege: Bedrängende Nachbarn auf Abstand halten.

Melica ciliata

Verwendung: Heidegarten, Fels-steppe, Steinanlagen, naturhaf-te Pflanzungen, Troggärten.

Gold-Waldhirse
Milium effusum 'Aureum'

HEIMISCHES GRAS SCHATTIGER LAUBWÄLDER

❀ 5–6   ↥ 30/80 cm

Wuchs: Locker horstig, kurze Ausläufer bildend.
Blatt: Goldgelb, besonders in-tensiv während dem Austrieb, linealisch, übergeneigt.
Blüte: Goldgelb, lockere Rispen, an der Spitze überhängend. Wegen der lockeren Blütenstän-de auch Flattergras genannt.
Standort: Frische bis feuchte, nährstoffreiche, locker humose Lehmböden, schattig. Flachwur-zelnder Mullbewohner.
Pflege: Versamt sich. Sämlinge entfernen, da weniger farbin-tensiv.
Verwendung: Als sonniger Licht-fleck im Schatten sehr effektvoll. Wertvolle Blatt- und Farbkontra-ste entstehen mit rotlaubigen Purpurglöckchen *(Heuchera)*, Euphorbien *(Euphorbia amyg-daloides* 'Purpurea'), Stinkende Nieswurz *(Helleborus foetidus)*, Bergenien *(Bergenia)* und Far-nen. Wurzel- und Schattendruck vertragend, daher gut für Gehölzunterpflanzung.

Riesen-Chinaschilf
Miscanthus giganteus 'Aksel Olsen' (Syn.: *M. flori-dulus, M. japonicus*)

SCHILFARTIGES SOLITÄRGRAS

❀ 10–11   ↥ 300–400 cm   ○

Wuchs: Durch kurze Ausläufer mit der Zeit breite Horste bil-dend, straff aufrecht, schilfartig.
Blatt: Bläulich grün, an straff aufrechten Stängeln bogig über-hängend, spät austreibend, prächtige ockergelbe Herbst-färbung.
Blüte: Silbergraue, fedrige Ris-pen, blüht nur nach langen und warmen Sommern und bei aus-reichender Feuchtigkeit.
Standort: Alle frischen bis feuch-ten, nährstoffreichen Garten-böden, sonnig warme Plätze.
Pflege: Rückschnitt erst im Frühjahr, da auch über Winter noch zierend. Regelmäßig düngen.
Verwendung: Solitärgras, Hintergrund von Pflanzungen. Als Heckenpflanzung und Raumteiler ungeeignet, da spät austreibend und erst im Sommer die volle Höhe erreicht wird.

Miscanthus giganteus 'Aksel Olsen'

Die Sorten von *Miscanthus sinensis* (Chinaschilf) bilden das sortenreichs-te Sortiment innerhalb der Gräser. Zu begründen ist diese Sortenviel-falt mit den unterschiedlichen Züch-tungszielen, die verfolgt wurden. Selektiert wurde auf sicheren und schmuckvollen Blütenschmuck, auf Wuchshöhe, Blattschmuck und eine ansprechende Herbstfärbung.

Miscanthus sinensis: verschiedene Sorten des Chinaschilfs.

Chinaschilf
Miscanthus sinensis

SCHMUCKVOLLES GRAS
MIT ZAHLREICHEN SORTEN

 8–10   ⬆ 80–250/
                            100–300 cm   ○

Wuchs: Horstartig, durch kurze Ausläufer mit der Zeit breite Horste bildend, straff aufrecht, schilfartig.

Blatt: Dunkelgrün, meist mit silberfarbenem Mittelstreifen, breit lineal, bogig überhängend, viele Sorten zeigen eine prachtvolle Herbstfärbung.

Blüte: Federartige, je nach Sorte und Reifegrad silbrige, weißliche oder braunrote Blütenrispen. Einige Sorten kommen nur selten oder gar nicht zur Blüte, sie bereichern das Sortiment als wertvolle Blattschmuckstauden.

Standort: Alle frischen bis feuchten, nährstoffreichen Gartenböden in sonnig warmer Lage. Insgesamt wenig anspruchsvoll.

Pflege: Rückschnitt erst im Frühjahr wegen der dekorativen Wirkung im Winter. Vor allem in Süddeutschland treten Sämlinge auf, die unbedingt entfernt werden sollten, um die meist wertvolleren Sorten zu erhalten.

Verwendung: Als Solitär, Leitstaude auf Rabatten, am Wasserrand. Auch als nachwachsender Rohstoff im Einsatz. Alle, auch die hohen Sorten sind als Sichtschutz ungeeignet, da sie spät austreiben und erst im Sommer ihre Endhöhe erreichen.

Bewährte Sorten:

- 'Gracillimus', sehr schmalblättrig, nicht blühend, schmuckvoller Blattschmuck, 150–180 cm.
- 'Graciella', ähnlich 'Gracillimus, aber früh und sicher blühend, silberrosa, 130/150 cm.
- 'Kleine Fontäne', früh blühend, silbrig braune Blüten, 90/160 cm (siehe Bild Seite 12).
- 'Kleine Silberspinne', früh blühend, sehr feinlaubig mit breitem Silberstreifen, 80/140 cm.
- 'Malepartus', silbrig rote Blüten, flammend rotbraune Herbstfärbung, 170/200 cm.
- 'Nippon', bronzefarben getöntes Laub, kupfrige Herbstfärbung, 90/150 cm.
- 'Silberfeder', sichere Blüte, silbrig weiß, goldgelbe Herbstfärbung, 200/240 cm.
- 'Silberspinne', sehr feinlaubig, reichblütig, 130/200 cm.
- 'Sirene', rotbraune Blüten, prachtvolle rotbraune Herbstfärbung, 150/250 cm.
- 'Strictus', gelbe Querstreifen, blüht nur selten, straff aufrecht, 180/220 cm.
- 'Variegatus', silbrig gestreifte Blätter, 180/200 cm.
- 'Yakushima Dwarf', zwergige Art, schmalblättrig, rosabraune Blüten, 60/100 cm.
- 'Zebrinus', gelbe Querstreifen, Blätter bogig überhängend, blüht nur selten, 180/220 cm.

Riesen-Pfeifengras
Molinia arundinacea

AUSDRUCKVOLLES HORSTGRAS

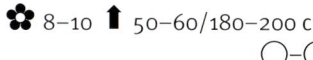 8–10 ↟ 50–60/180–200 cm
○-◑

Wuchs: Horstartige Blattschopfe, die von den Blütenhalmen weit überragt werden.
Blatt: Frischgrün, schmal linealisch, elegant überhängend, später Austrieb, außergewöhnliche goldgelbe Herbstfärbung, die lange anhält.
Blüte: Lockere Blütenrispen auf blattlosen Halmen, nach der Blüte goldgelb gefärbt.
Standort: Sehr anpassungsfähig, frische bis feuchte Böden, sonnig bis halbschattig, Sommer- und Herbsttrockenheit werden vertragen.
Pflege: Rückschnitt erst im Frühjahr. Bisweilen treten Sämlinge auf, die entfernt werden sollten, da sie weniger wertvoll sind als die Sorten.
Verwendung: Gerüstbildner für Rabatten, sonnige Gehölzrandsituationen, naturhafte Pflanzungen, Heidegarten. Gut zu kombinieren mit herbstblühenden Stauden und herbstfärbenden Gehölzen.
Bewährte Sorten:
- 'Karl Foerster', hochwüchsige Sorte, 50/200 cm.

- 'Transparent', locker übergeneigte Blütenrispen, sehr grazil, 50/180 cm.
- 'Windspiel', straff aufrecht, standfest, höchste Sorte, 60/240 cm.

Moor-Pfeifengras
Molinia caerulea

HEIMISCHES GRAS MIT SCHMUCKVOLLEN SORTEN

 8–9 ↟ 30–40/50–120 cm
○-◑

Wuchs: Dichte Blatthorste, die von den steif aufrechten Blütenhalmen weit überragt werden.
Blatt: Bläulich grün, schmal linealisch, Blattspitzen leicht übergeneigt, im Herbst prachtvolle gelbbraune Herbstfärbung.
Blüte: Schmale, bräunliche Rispen auf drahtigen Stielen, nach der Blüte leuchtend gelbbraun.
Standort: Frische bis feuchte, humusreiche Böden, sonnig bis halbschattig. Sonnige Standorte nur bei ausreichender Bodenfeuchte.
Pflege: Rückschnitt erst im Frühjahr wegen der imposanten Herbst- und Wintergestalt.
Verwendung: In kleineren Gruppen, Heide- und Naturgarten, im lichten Gehölzbereich. Schön vor dunklem Hintergrund.

Bewährte Sorten:
- 'Dauerstrahl', strahlenförmige Horste, prachtvolle gelbbraune Herbstfärbung, 40/120 cm.
- 'Moorhexe', schmale, aufrechte Horste, 30/80 cm.
- 'Strahlenquelle', strahlenförmige Horste, gute Herbst- und Winterwirkung, 40/120 cm.
- 'Variegata', gelblich weiß gestreifte Blätter, schöner Austrieb, 30/50 cm.

Molinia arundinacea 'Windspiel'

Panicum virgatum 'Rotstrahlbusch'

Ruten-Hirse
Panicum virgatum

FASZINIERENDES SCHMUCKGRAS

 8–9   80/100 cm ○

Wuchs: Vielhalmige Horste, aufrecht.
Blatt: Frischgrün, schmal linealisch, elegant überhängend, spät austreibend. Attraktive ockergelbe Herbstfärbung.
Blüte: Winzige Ährchen an reich verzweigten, duftigen, hellbraunen Blütenrispen, die die Blatthorste nur wenig überragen.
Standort: Alle mäßig trockenen bis feuchten Gartenböden. Sonnig warme Gartenplätze. Auf sehr nährstoffreichen Böden mitunter standschwach.

Pflege: Rückschnitt erst im Frühjahr, sehr ausdauernd, pflegeleicht.
Verwendung: Sonnige Rabatten. Schön zu kombinieren mit Herbstblühern wie Astern *(Aster novae-angliae, A. novi-belgii, A. dumosus)*, Herbst-Chrysanthemen *(Chrysanthemum)* oder Goldrute *(Solidago)*. Hohe Schnitteignung.
Bewährte Sorten:
• 'Hänse Herms', leuchtend braunrote Herbstfärbung, 60/80 cm.
• 'Heavy Metal', blaugrünes Laub, straff aufrecht, 60/160 cm.
• 'Rehbraun', rotbraune Herbstfärbung, 90/100 cm.
• 'Strictum', straffer aufrecht als die Art, standfest, 60/150 cm.

Australisches Lampenputzergras
Pennisetum alopecuroides

REICH BLÜHENDES GRAS
MIT DAUERWIRKUNG

 9–10   60/80 cm ○

Wuchs: Halbkugelförmige Horste.
Blatt: Graugrün, schmal lineal, bogig übergeneigt, spät austreibend, goldgelbe Herbstfärbung.

Blüte: Walzenförmige rotbraune Blütenähren, die an Lampenputzer erinnern, sehr reich blühend.
Standort: Durchlässige, mäßig trockene bis frische Böden, sonnig.
Pflege: Rückschnitt erst im Frühjahr. Gute Wasserversorgung im Sommer fördert die Blütenbildung.
Verwendung: Einzeln oder in kleineren Gruppen als Gerüstbildner auf Rabatten, gut in Kombination mit herbstfärbenden Stauden und Gehölzen. Hervorragender Vermittler zwischen niedrigen Stauden und Zwergsträuchern.

Pennisetum alopecuroides 'Compressum'

Phalaris arundinacea 'Picta'

Bewährte Sorten:
- 'Compressum', dicht horstig, leuchtend gelbe Herbstfärbung, 50/70 cm.
- 'Hameln', kompakt, frühere Blüte als Art, 8–9, 30/60 cm.
- 'Herbstzauber', prachtvolle Herbstfärbung, sehr reichblütig, 40/50 cm.
- 'Weserbergland', niedrigste Sorte, 25/40 cm.

der austreibt und erneut mit attraktivem Blattwerk ziert. Ausbreitungsdrang beobachten und bei Bedarf regelmäßig verkleinern.

Verwendung: Vor allem wegen der Blattfärbung verwendet, kontrastvoll in Form und Farbe zu großblättrigen grünlichen oder purpurfarbenen Stauden und Gehölzen.

Weißbuntes Rohr-Glanzgras
***Phalaris arundinacea* 'Picta'**

ROBUSTES WEISSBUNTES ZIERGRAS

 6–7 100/120 cm ◐–◑

Wuchs: Durch starke Ausläuferbildung wuchernd, bei zusagenden Standorten Dickichte bildend.
Blatt: Grün-weiß gesteift, im Austrieb dreifarbig, grün-weiß-zartrosa, schmal schilfartig.
Blüte: Längliche, schmale Rispen, graugrün. Ohne Bedeutung im Vergleich zum Zierwert der Blätter.
Standort: Frische, feuchte bis nasse und nährstoffreiche Böden, sonnig bis halbschattig.
Pflege: In Trockenperioden wässern. In trockenen Sommern können die Blätter verbräunen, ein sofortiger Rückschnitt bewirkt, dass das Gras willig wie-

---

Gewöhnliches Schilf, Schilfrohr
Phragmites australis

WUCHERNDES RIESENGRAS FÜR DEN WASSERGARTEN

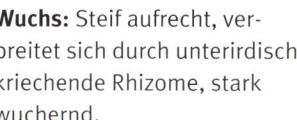 7–9 ▌ 200–400 cm ○

Wuchs: Steif aufrecht, verbreitet sich durch unterirdisch kriechende Rhizome, stark wuchernd.
Blatt: Blaugrün, breitblättrig, steif vom Halm abstehend. Die Blätter fallen im Herbst ab, die Halme bleiben über Winter stehen.
Blüte: Endständige, bräunliche Blütenrispen, 20–40 cm lang.
Standort: Nährstoffreiche Sumpf- und Wasserzonen. Sie vertragen Wassertiefen bis zu 1 m. Nicht für Folienteiche geeignet, da die harten Ausläufer die Folie durchwachsen können.

Pflege: Ausbreitungsdrang beobachten. Bei Bedarf in Gefäß pflanzen.
Verwendung: Nur für große Wasseranlagen empfehlenswert. Guter Uferbefestiger.
Bewährte Sorte:
- 'Variegatus', wertvolle schwachwüchsige Sorte, die auch für kleinere Gartenteiche zu empfehlen ist. Leuchtend gelb gestreift, über Sommer etwas vergrünend, blüht allerdings wenig oder gar nicht, 120–150 cm.

Wuchernde Gräser für den Wassergarten können im Zaum gehalten werden, in dem man sie in Gefäße pflanzt. Geeignet sind Plastikcontainer, die eingesenkt werden, damit sie unsichtbar sind.

Kleines Präriegras
Schizachyrium scoparium
(Syn.: *Andropogon scoparius*)

SCHMUCKVOLLES PRÄRIEGRAS

❀ 8–10   ↟ 100/120 cm   ○

Wuchs: Straff aufrechte Horste.
Blatt: Bläulich grün, schmalblättrig, später Austrieb, prachtvolle rötlich braune Herbstfärbung.
Blüte: Bräunlich, schmale Rispen, die sich nach der Blüte rötlich braun verfärben.

Schoenoplectus lacustris

Standort: Durchlässige, mäßig trockene bis frische, nährstoffreiche Böden, vollsonnig warm.
Pflege: Rückschnitt erst im Frühjahr.
Verwendung: Als Gerüstbildner in Präriepflanzungen, zusammen mit Spätsommerblühern wie Astern *(Aster novi-belgii, A. novae-angliae, A. dumosus)*, Sonnenhut *(Rudbeckia fulgida* 'Goldsturm')*, Goldrute *(Solidago)* oder Purpursonnenhut *(Echinacea purpurea)*.

Seesimse, Teichsimse
Schoenoplectus lacustris
(Syn.: *Scirpus lacustris*)

WASSERPFLANZE MIT
MALERISCHEM HABITUS

❀ 6–10   ↟ 100–300 cm   ○

Wuchs: Besiedelt mit Hilfe der langen Ausläufer große Flächen.
Blatt: Dunkelgrüne, runde und blattlose Halme, 100–300 cm lang, elegant überhängend.
Blüte: Schwarzbraun, endständigen Ähren.
Standort: Nasser Uferbereich, flache, stehende oder langsam fließende Gewässer mit bis zu 2–3 m Wassertiefe.
Pflege: Ausbreitungsdrang beobachten. In kleineren Gartenteichen ist eine Gefäßpflanzung

ratsam, um die Ausläufer einzugrenzen.
Verwendung: Der malerischer Habitus bildet einen Blickfang im Wassergarten, die langen Halme erzeugen schöne Spiegeleffekte auf der Wasseroberfläche. Am Wasserrand, Uferzonen oder im Gartenteich.
Bewährte Sorte:
• 'Albescens', Gestreifte Teichsimse, Halme mit weißlichen Längsstreifen, wuchernd, 100–200 cm.

Blaugras, Herbst-Kopfgras
Sesleria autumnalis

HERBSTBLÜHENDES GRAS
MIT DAUERWIRKUNG

❀ 9–10   ↟ 30/40 cm   ○–◐

Wuchs: Igelartige Horste, kurze Ausläufer bildend.
Blatt: Hellgrün, schmal- und raublättrig, aufrecht abstehend.
Blüte: Silbrigweiße, sehr zierliche, schmale Blütenähren.
Standort: Durchlässige, kalkhaltige, sandig-kiesige Böden, sonnig bis lichtschatig.
Pflege: Rückschnitt erst im Frühjahr.
Verwendung: Fast ganzjährig dekorativ, Gehölzrand, naturnahe Gartenbereiche, Steppenpflanzungen.

Sorghastrum nutans

Blüte: Strohgelbe kompakte Ähren, wenig schmuckvoll, kurz über dem Laub.
Standort: Alle Gartenböden, frisch bis feucht, auch nass, sonnig bis lichtschatig.
Pflege: Rückschnitt erst im Frühjahr, sehr wirkungsvoll auch bei Raureif und Schnee. Die volle Schönheit des Grases zeigt sich erst nach 3 bis 4-jähriger Entwicklung. Ausbreitung beobachten, nicht erwünschte Ausläufer

Spartina pectinata 'Aureomarginata'

Goldbartgras, Indianergras
Sorghastrum nutans
(Syn.: *S. avenaceum*)

PRACHTVOLLES
HOCHSOMMERGRAS

❀ 8–10   ⬆ 80/150 cm   ○

Wuchs: Vielhalmige Horste, schmal und straff aufrecht.
Blatt: Graugrün, schmalblättrig, intensiv braunrote Herbstfärbung, spät austreibend.
Blüte: Dichte, violettbraune Blütenähren mit auffällig goldgelben Staubgefäßen.
Standort: Sehr anspruchslos. Mäßig trockene bis frische Gartenböden, sonnig warm.
Pflege: Rückschnitt erst im Frühjahr, ansprechender Winteraspekt, sehr ausdauernd.

Verwendung: Sonnige Rabatten, steppenhafte Pflanzungen, in Kombination mit Herbstblühern.

Goldleisten-Bandgras
Spartina pectinata
'Aureomarginata'

AUFFÄLLIGES ZIERGRAS MIT
ELEGANTEM LINIENSCHWUNG

❀ 8–9   ⬆ 130/150 cm   ○–◐

Wuchs: Breitet sich durch kurze Ausläufer aus, wuchert etwas, kann Dickichte bilden.
Blatt: Frischgrün mit goldgelben Streifen an den Rändern, bis zu 1m lange, elegant überhängende Blätter, sehr scharfkantig, leuchtend gelbe Herbstfärbung.

lassen sich bei rechtzeitigem Eingreifen leicht entfernen.
Verwendung: Wirkungsvolles Gras für feuchte Rabatten, Uferrand, Teich.

Zotten-Raugras
Spodiopogon sibiricus

AUSDAUERNDES ZIERGRAS

 7–9   ↕ 120/160 cm   ◯–◖

Wuchs: Dichte Horste mit steif aufrechten Blütenständen, kurze Ausläufer bildend, standfest.
Blatt: Frischgrün, kurze schilfartige Blätter, fast waagerecht vom Halm abstehend, prachtvolle rötlich braune Herbstfärbung.
Blüte: Lockere Rispen mit glänzend purpurfarbenen Ährchen.
Standort: Sehr anpassungsfähig, keine besonderen Bodenansprüche, mäßig trocken bis feucht, sonnig bis halbschattig. Beste Entwicklung in warmen, feuchten Sommern.

Sporobulus heterolepis 'Wisconsin Strain' ist eine reich blühende Selektion aus der Wildart, die in der nordamerikanischen Prärie beheimatet ist. Ein Neuling im Gräsersortiment, den Sie unbedingt testen sollten.

Pflege: Rückschnitt erst im Frühjahr.
Verwendung: Rabatten, Gehölzrand, steppenhafte Pflanzungen. Wertvolles Schnittgras.

Tropfengras
Sporobolus heterolepis
'Wisconsin Strain'

REICH BLÜHENDE SELEKTION DER ART

 8–10   ↕ 30/60 cm   ◯

Wuchs: Dichte Horste mit üppigen Blütenschleiern.
Blatt: Frischgrün, sehr feinblättrig, bogig überhängend. Attraktive kupfrigrote Herbstfärbung.
Blüte: Fein verzweigte Blütenrispen, die deutlich über den Blatthorsten stehen. Reich und zuverlässig blühend.
Standort: Mäßig trockene bis frische Böden, sonnig. Wärme liebend und trockenheitsverträglich.
Pflege: Rückschnitt erst im Frühjahr.
Verwendung: Als Gerüstbildner in Präriepflanzungen, zusammen mit herbstblühenden Astern *(Aster novi-belgii, A. ericoides)*, Sonnenhut *(Rudbeckia fulgida* 'Goldsturm'), Purpursonnenhut *(Echinacea purpurea)* oder Goldruten *(Solidago)*.

Spodiopogon sibiricus

Silberährengras, Kamelhaargras
Stipa calamagrostis (Syn.:
Achnatherum calamagrostis,
Agrostis calamagrostis)

WERTVOLLES ZIERGRAS MIT DAUERWIRKUNG

 6–9   ↕ 60/90 cm   ◯

Wuchs: Dichte Horste mit bogig übergeneigten Halmen.
Blatt: Graugrün, schmal linealisch, locker überhängend.
Blüte: Bereits im Juni silbrigweiße, schweifartige Rispen,

die sich im Herbst kamelhaar-farben verfärben.

Standort: Durchlässige, mäßig trockene bis frische und kalk-haltige Böden, sonnig warme Lagen. Auf schweren Böden oft standschwach und nur kurzlebig.

Pflege: Rückschnitt erst im Frühjahr.

Verwendung: Gruppenweise in steppenhaften Pflanzungen, Naturgarten, sonnige Terrassen-beete.

Bewährte Sorten:
• 'Lemperg', ähnlich wie die Art, aber insgesamt kompakter, sehr wirkungsvolle Blüten, dunkelrote Herbstfärbung, 50/70 cm.
• 'Allgäu', straff aufrecht mit locker überhängenden Rispen, 70/90 cm.

Stipa capillata

Stipa calamagrostis, das Silberährengras.

Büschelhaargras, Haar-Federgras
Stipa capillata

SCHMUCKGRAS
FÜR TROCKENBEREICHE

❀ 7–9   ⬆ 40/90 cm   ○

Wuchs: Dicht horstig, weit herausragende Blütenähren.
Blatt: Graugrün, schmal ein-gerollt, steif aufrecht.
Blüte: Aufrechte Blütenrispen mit 10–20 cm langen, faden-förmigen Grannen, seidig glänzend. Elegant gebogen, schöner Windfang.

Die Gattung *Stipa* bietet interessante Arten für steppenhafte Pflanzungen. Entscheidend für den Pflanzerfolg ist der Standort. Alle Arten brauchen einen sonnigen Standort und einen durchlässigen, mäßig trockenen, nicht zu nährstoffreichen Boden. Ungeeignete Böden müssen durch Einarbeiten von viel Sand und/oder Kies abgemagert werden.

Stipa gigantea

Standort: Durchlässige, trockene bis mäßig trockene, nährstoffarme und kalkhaltige Böden. Vollsonnig, Wärme liebend. Schwere, nährstoffreiche Böden sind zu meiden, da die Horste faulen und nur kuzlebig sind.
Pflege: Erhält sich durch Selbstaussaat, falls notwendig Sämlinge entfernen.
Verwendung: Einzeln oder in kleineren Gruppen, steppenhafte Pflanzungen, Naturgarten, Felssteppen, Kiesbeete.

Riesen-Federgras
Stipa gigantea

IMPOSANTE GRÄSERGESTALT

✿ 6–9 ↕ 50/200–250 cm ○

Wuchs: Dichte Blatthorste mit weit darüber herausragenden Blütenrispen.
Blatt: Blaugrün, schmal lineal, wintergrün.
Blüte: Bis zu 50 cm lange, lockere Blütenrispen auf straff aufrechten Halmen.
Standort: Durchlässige, nährstoffarme und trockene bis mäßig trockene Böden. Vollsonnige und warme Gartenplätze. Auf nährstoffreichen und frischen Böden nur kurzlebig.
Pflege: Winterschutz ist empfehlenswert.

Verwendung: Steppenhafte Pflanzungen, Schotterbeete, zusammen mit trockenheitsverträglichen Beet- und Freiflächenstauden, silberlaubigen Stauden.

Reiher-Federgras
Stipa pulcherrima subsp.
nudicostata (meist als
S. barbata im Handel)

FEDERGRAS MIT AUFFÄLLIGEM FRUCHTSCHMUCK

✿ 7–9 ↕ 40/120 cm ○

Wuchs: Locker horstig.
Blatt: Graugrün, lang- und schmalblättrig, Ränder oft eingerollt.
Blüte: Silbrige, federartige Fruchtstände, bis zu 40 cm lange Grannen, elegant übergeneigt, schönes Windspiel.
Standort: Mäßig trockene bis trockene Böden, Kalk und Wärme liebend, vollsonnig. Auf frischen und nährstoffreichen Böden äußerst kurzlebig.
Pflege: Erhält sich durch Selbstaussaat, falls notwendig Sämlinge ausdünnen. Unansehnlich gewordene Blütenstände entfernen.
Verwendung: Kiesbeete, Schottergarten, Naturgarten, Felssteppen.

Einjährige Gräser

Die Einjahresgräser zieren vor allem mit schmuckvollen Blüten- und Fruchtständen. Einige Arten fallen zusätzlich durch ihre markanten Gestalten auf. Da sie nur kurzlebig sind, sterben sie im Herbst nach der Samenbildung ab. Deshalb müssen sie jedes Frühjahr erneut aus Samen angezogen werden.

In Gärtnereien werden die einjährigen Gräser nur sehr selten angeboten, sodass man auf Samentüten aus dem Gartencenter zurückgreifen muss. Den Aufwand jedoch entschädigen die Gräser mit einer langen Blütezeit und ihrer überreichen Blütenfülle.

Die folgenden Kurzporträts sollen einen kleinen Eindruck davon vermitteln, was die einzelnen Einjahresgräser an Blüten, Halmen und Farben zu bieten haben. Verallgemeinert werden können ihre **Standortansprüche.** Alle hier beschriebenen Einjahresgräser sind Wärme liebend und benötigen einen sonnigen Standort. Der Boden sollte frisch, nährstoffreich und durchlässig sein.

Verwendet werden die einjährigen Gräser in reinen Sommerblumenpflanzungen oder als Lückenfüller in Staudenpflan-

Briza maxima, das Große Zittergras.

zungen. Interessant sind die Einjährigen in Kombination mit herbstblühenden Stauden. Die Fruchtstände sind auch als floristisches Beiwerk sehr begehrt.

Großes Zittergras
Briza maxima

 6–8   ↑ 30–50 cm   ○

Wuchs: Horstig.
Blatt: Blaugrün, aufrecht, schmal lineal.
Blüte: Blütentriebe mit großen herzförmigen Ähren, die im Wind zittern. Anfangs grünlich, später gelblich-weiß gefärbt.

Anzucht von einjährigen Gräsern
Aussaat: Ab Ende Februar bis März die Saatkisten an einem hellen Platz aufstellen und gut feucht halten.
Pikieren: Nach ca. 3–4 Wochen, wenn die ersten Grashalme sichtbar sind, können sie pikiert werden. Am besten gleich 3–5 Stück zusammensetzen, sodass kleine Horste entstehen.
Topfen: Nach weiteren 3–4 Wochen sollten die Jungpflänzchen getopft werden.
Auspflanzen: Nach den Eisheiligen können die frostempfindlichen Einjährigen im Freiland ausgepflanzt werden.

Hordeum jubatum, die Mähnen-Gerste.

Kleines Zittergras
Briza minor

❀ 7–8   ↑ 25 cm   ○

Wuchs: Zierliche Horste.
Blatt: Blaugrün, schmal lineal.
Blüte: Kleine zapfenartige Ährchen, die bei leisester Bewe-
gung zittern. Anfangs grünlich,
später gelblich weiß gefärbt.

Mähnen-Gerste
Hordeum jubatum

❀ 6–9   ↑ 40–60 cm   ○

Wuchs: Aufrechte, dichte Horste.
Blatt: Frischgrün, schmal linea-
lisch, weich fallend.
Blüte: Anmutig überhängende
Ähren mit auffallend langen
Grannen, die graziös aus dem
Laub herausragen. Zuerst grün-
lich gelb gefärbt, leicht violett
getönte Spitzen, bei Reife
leuchtend gelb.

Hasenschwanzgras
Lagurus ovatus

❀ 5–8   ↑ 20–40 cm   ○

Wuchs: Dichte Horste.
Blatt: Frischgrün, lanzettlich
aufrecht.
Blüte: Kurze, eiförmige, flau-
schige Ähren auf dünnen Halmen. Durch ihre Form und die
wollig weiße Behaarung sehen
die Blütenstände wie kleine
Hasenschwänze aus.

Haarstiel-Hirse,
Brautschleier-Hirse
Panicum capillare

❀ 6–7   ↑ 60–80 cm   ○

Wuchs: Horstig.

Schöne Kombinationen	
Schön zu kombinieren sind die einjährigen Gräser mit folgenden Sommerblumen:	
Antirrhinum majus	Löwenmäulchen
Calendula officinalis	Ringelblume
Calllistephus chinensis	Sommeraster
Cleome spinosa	Spinnenblume
Cosmos bipinnatus	Schmuckkörbchen, Kosmee
Rudbeckia hirta	Sonnenhut
Salvia coccinea	Scharlach-Salbei
Salvia farinacea	Mehl-Salbei
Verbena bonariensis	Schleier-Eisenkraut
Verbena rigida	Eisenkraut, Verbene
Zinnia elegans	Zinnie

Pennisetum villosum, das Wollige Federborstengras.

Blatt: Frischgrün, breit lanzett-lich, geschwungen überhängend.
Blüte: Fein verzweigte Blüten-rispen, die wie ein seidiger Schleier über dem Laub hängen. Die Ährchen sind nur winzige Punkte.

Purpurviolettes Federborstengras
Pennisetum setaceum

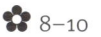 8–10   70–100 cm ◯

Wuchs: Dichte Horste mit weit herausragenden Blüten.
Blatt: Graugrün, schmal lineal, bogig überhängend.
Blüte: Rosa bis purpurviolett. Lange, schlanke Blütenähren, elegant übergeneigt.

Lagurus ovatus

Wolliges Federborstengras
Pennisetum villosum

 8–10   30–60 cm ◯

Wuchs: Locker horstig.
Blatt: Blaugrün, schmal lineal, bogig überhängend.
Blüte: Weißlich-grün, wollig, walzenförmig, Blütenhalme leicht übergeneigt.

Kanarien-Glanzgras
Phalaris canariensis

 7–8   40–70 cm ◯

Wuchs: Aufrechte Horste.
Blatt: Blaugrün, schmal schilf-artig, Spitzen leicht übergeneigt.
Blüte: Zapfenartige Blütenähren auf aufrechten Stielen, zunächst grünlich weiß gescheckt, mit zu-nehmender Reife grüngelb.

Wollhaargras, Haarmantelgras
Rhynchelytrum repens

 7–9   50–90 cm ◯

Wuchs: Lockere Horste.
Blatt: Graugrün, schmal lineal, aufrecht.
Blüte: Bräunlich rosa bis pur-purrosa, pyramidenförmig verzweigte Blütenrispen, die fedrig-duftig wirken.

Flausch-Federgras
Stipa pennata

 5–6   30–40 cm ◯

Wuchs: Horstig. Bei zusagenden Standorten auch ausdauernd.
Blatt: Frischgrün, schmal lineal.
Blüte: Lange, silbrige Grannen, elegant geschwungen, sehr dekorativ.

Die schönsten Bambusse

**Pfeil-Bambus,
Immergrüner Schirmbambus
Fargesia murieliae
(Syn.: *Sinarundinaria murieliae)***

HORST BILDENDER BAMBUS

⬆ 200–300 cm

Wuchs: Dicht horstig, straff aufrechte Jungtriebe, die sich mit zunehmender Belaubung elegant überneigen, im Alter breit trichterförmig, schirmartig überhängend. Kriechender, dichter Wurzelstock, keine Ausläuferbildung.
Halm: Grünlich gelb, fingerstark.
Blatt: Hellgrün, lanzettlich, lang zugespitzt, 10 cm lang, 1,5 cm breit.

Bei *Fargesia murieliae* sind in den letzten Jahren blühende Pflanzen aufgetreten. Blühen ist bei Bambus gleichbedeutend mit Samenbildung und anschließendem Absterben. Mittlerweile wurde aus den Sämlingen eine zweite *Fargesia*-Generation selektiert, die als Sorten im Handel sind. Allerdings konnten sie bislang noch nicht ausreichend getestet werden.

Fargesia murieliae, der Immergrüne Schirmbambus

Neue Sorten:
• 'Jumbo', dicht horstig, aufrecht, überhängend, schnellwüchsig, 200 cm hoch.
• 'Simba', zierlicher als die Art, schwachwüchsig, 150–200 cm.
• 'Bimbo', dichtbuschig, aufrecht, überhängend, 150–200 cm.
Standort: Frische bis feuchte, durchlässige und nährstoffreiche Böden. Wärmeverträglich, nässeempfindlich. Insgesamt anspruchslos.
Pflege: Regelmäßig düngen und in Trockenperioden wässern. Wenn die Horste mit den Jahren zu groß werden, können sie im Frühjahr durch Abstechen verkleinert werden.
Verwendung: *Fargesia murieliae* zählt wie auch *F. nitida* zu den frosthärtesten Arten des gesamten Bambus-Sortimentes. Malerischer Bambus für Solitärstandorte, auch für kleinere Gärten geeignet, in Wassernähe.

**Dunkelgrüner Schirmbambus
Fargesia nitida
(Syn.: *Sinarundinaria nitida)***

HORSTIG WACHSENDER BAMBUS

⬆ 200–300 cm

Wuchs: Dicht horstig, Halme zunächst straff aufrecht, später schirmartig übergeneigt.
Halm: Dunkelgrün bis purpurbraun getönt, fingerdick.
Blatt: Dunkelgrün, lanzettlich, lang zugespitzt, 6–10 cm lang,

1–1,5 cm breit. Halme und Blätter etwas graziler und feingliedriger als bei *Fargesia murielae.*
Standort: Durchlässige, frische bis feuchte, nährstoffreiche Böden, sonnig bis halbschattig. Verträgt keine Staunässe.
Pflege: Benötigt während der Wachstumsphase ausreichend Wasser und Nährstoffe.
Verwendung: Sehr winterharte Art, zählt zu den härtesten aller Bambusarten. Empfehlenswerte Alternative zu den derzeit blühenden *Fargesia murieliae.* Solitär, Hecke, Kübelbepflanzung.
Bewährte Sorte:

• 'Anceps', Halme leicht überhängend, feinlaubige, zierliche Sorte, frosthart, 200–300 cm.

Gelbrinniger Bambus
Phyllostachys aureosulcata

BESONDERS HARTER BAMBUS

 400–600 cm

Wuchs: Halme straff aufrecht, im Alter leicht übergeneigt, locker aufgebaut, schnellwüchsig. Bildet Ausläufer, die weit wandern.
Halm: Dunkelgrün mit gelber Streifung, oft nur fingerstark. Im unteren Teil zeigen die Halme oft Zickzackform.
Blatt: Dunkelgrün, lanzettlich, 10 cm lang, 1 cm breit.

Standort: Frische bis feuchte, nährstoffreiche, aber gut durchlässige Böden, sonnig bis halbschattig. Anpassungsfähige Art.
Pflege: Benötigt während der Vegetationsperiode ausreichend Nährstoffe und Wasser.
Verwendung: Wertvolle Bambusart, die in Bezug auf die Winterhärte zu den zuverlässigsten *Phyllostachys*-Arten zählt. Auch für ungünstigere Lagen empfehlenswert. Als Solitär in Garten- und Parkanlagen, Hainpflanzung, Windschutzpflanzung, in Wassernähe.

Phyllostachys aureosulcata

Übersicht der Bambus-Arten	
Riesen-Bambusse (⬆ über 5 m)	
Phyllostachys viridiglaucescens	Grünblauer Bambus
Phyllostachys vivax 'Aureocaulis'	Gelber Riesen-Bambus
Groß-Bambusse (⬆ über 3 m)	
Phyllostachys aureosulcata	Gelbrinniger Bambus
Phyllostachys bissetii	Grünhalm-Bambus
Phyllostachys nigra	Schwarzer Bambus
Mittelhohe Bambusse (⬆ über 1,50 m)	
Fargesia murieliae	Immergrüner Schirm-Bambus
Fargesia nitida	Dunkelgrüner Schirm-Bambus
Phyllostachys humilis	Bonsai-Bambus
Pseudosasa japonica	Fächer-Bambus
Sasa palmata	Palmblatt-Bambus
Kleinwüchsige Bambusse (⬆ unter 1 m)	
Pleioblastus humilis var. *pumilus*	Zwerg-Bambus
Sasa veitchii	Silberrand-Bambus

Ähnliche Art/Sorte:
- *P. aureosulcata* f. *spectabilis,* äußerst dekorative Halme, leuchtend gelb mit grüner Streifung. Hoher Schmuckwert und gute Frosthärte, Solitär, 300–500 cm.
- *P. aureosulcata* ʻAureocaulisʼ, sehr schmuckvolle, leuchtend goldgelbe Halme, gut winterhart, 300–500 cm.

Phyllostachys nigra, der Schwarze Bambus.

Grünhalm-Bambus
Phyllostachys bissetii

ROBUSTER BAMBUS

 300–400 cm

Wuchs: Dichte, aufrechte Halme, starkwüchsig. Bildet zahlreiche Ausläufer und Schösslinge.
Halm: Glänzend olivgrün, zur Spitze hin leicht übergeneigt.
Blatt: Frischgrün, lanzettlich, 7–12 cm lang, 1–2 cm breit, dichte Belaubung.
Standort: Frische bis feuchte, nährstoffreiche und gut durchlässige Böden, sonnig bis lichtschattig. Wärme liebend.
Pflege: Benötigt während der Wachstumsphase ausreichend Wasser und Nährstoffe. Bei einer Hainpflanzung erhöht regelmäßiges Auslichten und Aufasten die Transparenz und Eleganz des Hains.

Verwendung: Besonders winterhart und robust. Nur für größere Gärten, bildet schnell dichte Hecken und Haine. Verwendung nur mit einer Rhizomsperre empfehlenswert.

Bonsai-Bambus
Phyllostachys humilis

SCHNITTVERTRÄGLICHER BAMBUS

 200–300 cm

Wuchs: Kompakt und dickichtartig wachsend, fein verzweigt, sehr starke Ausläuferbildung.
Halm: Grün, oft nur fingerdick, straff aufrecht.
Blatt: Frischgrün, kleinblättrig, 8 cm lang, 1 cm breit, bildet dichte Laubmasse.
Standort: Durchlässige, frische bis feuchte, nährstoffreiche

Böden, sonnig bis lichtschattig. Sehr anpassungsfähig.
Pflege: Äußerst schnittverträglich, diese Art wird in Japan zur Kultur von Bonsais genutzt.
Verwendung: Sehr robuste und frostharte Art. Wegen der Ausläufer nur mit einer Rhizomsperre verwenden. Solitär, Wind- und Sichtschutzhecke, Hain, Kübelpflanze. Als Formschnitthecke bis ca. 2 m Höhe besonders dicht.

Schwarzer Bambus, Schwarzhalm-Bambus
Phyllostachys nigra

SCHMUCKVOLLER HALMBILDNER

 300–600 cm

Wuchs: Locker aufrecht, die äußeren Halme elegant über-

geneigt. Geringe Ausläuferbildung, in unseren Breiten
meist horstig.

Halm: Einjährige Halme grünlich gefärbt, dann zunehmend
schwarzpurpur gefleckt, aus-
gereift glänzend schwarz, sehr
dekorativ, Halmdicke 2–3 cm.

Blatt: Glänzend dunkelgrün,
lanzettlich, 5–12 cm, 1 cm breit,
dicht belaubt.

Standort: Durchlässige, frische
bis feuchte, nährstoffreiche und
tiefgründige Lehmböden, sonnig bis lichtschattig. Geschützte
Standorte. Mäßig frosthart.

Pflege: Benötigt während der
Wachstumsphase ausreichend
Wasser und Nährstoffe.
Leichter Winterschutz empfeh-
lenswert. Durch regelmäßiges
Auslichten der älteren, dünnen
Triebe und das Aufasten der
unteren Seitenäste werden die
schwarzen Halme noch besser
in Szene gesetzt.

Verwendung: Ein Bambus der
sich wegen seiner ausgefallenen
Halmfärbung höchster Beliebt-
heit erfreut. Als Solitär, auch für
kleinere Gärten, Atriumgärten.

Bewährte Sorten:

• 'Boryana', grüne Halme, im
Alter mit braunen Flecken,
starkwüchsigste und robuste
Sorte, Ausläufer bildend.
Frosthärter als *P. nigra*,
500–800 cm.

• *P. nigra* var. *henonis,* junge
Halme hellgrün, später dunkelgrün, aber ohne Flecken.
Frostharte und robuste Sorte,
geringe Ausläuferbildung,
300–600 cm.

**Grünblauer Bambus,
Smaragdgrüner Bambus**
Phyllostachys viridiglaucescens

EINDRUCKSVOLLER HAINBILDNER

⬆ 400–900 cm

Wuchs: Zunächst straff aufrecht,
mit der Zeit weit und elegant

übergeneigt, sehr schnellwüchsig, Zuwachs an warmen Tagen
bis zu 50 cm pro Tag. Bildet mit
der Zeit eindrucksvolle Haine,
durch Ausläuferbildung dickichtartig. Die Bambus-Art, die bei
uns die größte Höhe erreicht.

Halm: Junge Halme grasgrün glänzend, ältere gelblich grün gefärbt.

Blatt: Glänzend frischgrün, lanzettlich, 10–15 cm lang, 1–1,5 cm
breit, Halmdicke 2–5 cm.

Standort: Tiefgründige, frische
bis feuchte, nährstoffreiche
Lehmböden, halb- bis lichtschattig. Südlagen sind wegen Frosttrocknisgefahr zu meiden.

Phyllostachys viridiglaucescens, der Grünblaue Bambus.

Unterschätzen Sie nicht den Ausbreitungsdrang von Ausläufer bildenden Bambussen, wie z. B. den meisten *Phyllostachys*-Arten. Bauen Sie lieber gleich bei der Pflanzung eine Rhizomsperre ein, die dem Bambus seine Grenzen aufzeigt (siehe Seite 85).

Pflege: Rhizomsperre einbauen, um Ausläufer in Zaum zu halten. Benötigt während der Wachstumsphase ausreichend Wasser und Nährstoffe.
Verwendung: Aufgrund der Wuchsstärke und Ausläuferbildung nur für großflächige Verwendung geeignet. Ausreichend frosthart.

Pleioblastus auricomus, der Gelbbunte Zwerg-Bambus.

Gelber Riesen-Bambus
Phyllostachys vivax
'Aureocaulis'

SCHMUCKVOLLER SOLITÄRBAMBUS

 400–900 cm ○–◑

Wuchs: Sehr starkwüchsig, lange Ausläufer bildend.
Halm: Leuchtend gelb mit unregelmäßigen Streifen zwischen den Knoten, 4–7 cm dick.
Blatt: Frischgrün, elegant überhängend, 10–15 cm lang, 1,5–2,5 cm breit.
Standort: Tiefgründige, frische bis feuchte, nährstoffreiche, gut durchlässige Böden, sonnig bis halbschattig. Zu schwere Böden meiden, damit die Halme vor

dem Winter richtig ausreifen können.
Pflege: Während der Vegetationsperiode ausreichend wässern und düngen. Ältere Triebe auslichten und den unteren Halmbereich etwas aufasten, damit die prächtige Halmfärbung besser zur Geltung kommt.
Verwendung: Ausreichend frostharte Sorte, frosthärter als die Art selbst. Auffallend attraktiver und wüchsiger Bambus für unsere Breitengrade. Für Solitärpflanzung.

Zwerg-Bambus
Pleioblastus humilis var.
pumilus (Syn.: P. pumilus)

BODENDECKENDER BAMBUS

 50–80 cm ○–◑

Wuchs: Dichtwüchsiger Zwergbambus, der sich durch Ausläuferbildung sehr stark ausbreitet.
Halm: Grau, dünnhalmig.
Blatt: Bläulich grün, lanzettlich, 10 cm lang, 1–1,5 cm breit.
Standort: Frische bis feuchte, nährstoffreiche Gartenböden, sonnig bis halbschattig.
Pflege: Die Flächen können zu Beginn des Frühjahrs abgemäht werden (z. B. mit einem hoch gestellten Rasenmäher), so entstehen dichte Bambusteppiche.

Verwendung: Stark wuchernder Bodendecker, als Rasenersatz, Unterpflanzung von Gehölzen. Nur mit Rhizomsperre zu bändigen.

Weitere Arten:

- *P. variegatus* (Syn.: *P. fortunei),* Weißstreifiger Dichtbusch-Bambus, lanzettliche Blätter, 10 cm lang, 1–1,5 cm breit, guter Flächendecker, 40 cm hoch.

- *P. pygmaeus* var. *distichus,* Dichtbüschel-Bambus, dunkelgrün, fächerähnliche Blätter, 5–6 cm lang, bodendeckend, 40 cm hoch.

- *P. auricomus* (Syn.: *P. viridistriatus),* Gelbbunter Zwerg-Bambus, 60–120 cm, auffallend gelbgrünes Laub, besonders im Frühjahr, 20 cm lang, 2–2,5 cm breit. Attraktiver Zwergbambus zur Aufhellung von Gehölzpartien.

Pseudosasa japonica, der Fächer-Bambus.

Fächer-Bambus, Breitblatt-Bambus
Pseudosasa japonica

GROSSBLÄTTRIGER BAMBUS

 200–300 cm

Wuchs: Straff aufrechte Triebe, die sich mit zunehmender Verzweigung neigen. Bildet Ausläufer ohne lästig zu werden.
Halm: Grün, dünnhalmig.

Blatt: Glänzend dunkelgrün, breit lanzettlich, am Halmende gehäuft, fächerförmig angeordnet, großblättrig, 20–25 cm lang, 3–4 m breit.
Standort: Frische bis feuchte, nährstoffreiche Böden, halbschattig bis schattig, sehr anpassungsfähig.
Pflege: Rhizomsperre einbauen, da Rhizome und Schösslinge sonst ungehemmt in Pflanzungen eindringen.
Verwendung: Äußerst dekorativer und ausreichend frostharter,

großblättriger Bambus. Als Solitär, in Wassernähe, Rhododrongarten, waldartige Gehölzpartien.

Palmblatt-Bambus
Sasa palmata

EXOTISCH ANMUTENDER BAMBUS

 100–150 cm

Wuchs: Locker und langsam wachsend. Bildet kurze Aus-

Bei Winterschäden an Bambussen
sollte man erst einmal abwarten.
Häufig sterben nur die Blätter ab,
und die Halme treiben erneut aus.
Nur selten müssen auch die Halme
zurückgeschnitten werden.

Sasa veitchii, der Silberrand-Dambus.

läufer, sodass undurchdringliche
Dickichte entstehen.
Halm: Grün, aufrecht, dünntriebig.
Blatt: Dunkelgrün, auffallend
groß- und breitblättrig, 20–30 cm
lang, 5–8 cm breit, ledrig, mit
ausgeprägter Mittelrippe.
Standort: Frische bis feuchte,
nährstoffreiche Böden, sonnig
bis halbschattig, besonders
üppig in kühlen und luftfeuchten
Lagen.
Pflege: Wegen der Ausläuferbildung Rhizomsperre einbauen.

Sasa palmata

Schutz vor Wintersonne, mäßig
frosthart.
Verwendung: Flächige Bepflan-
zungen an Teichrändern, Was-
serläufen oder unter Gehölzen.
Nicht zu kleinflächig einsetzen.

**Silberrand-Bambus,
Wiesen-Bambus**
Sasa veitchii

**BAMBUS MIT SCHMUCKVOLLER
BELAUBUNG**

 ⬆ 30–80 cm   ◯–◑

Wuchs: Buschig aufrecht, dicht-
triebig. Durch starke Ausläuferbildung hohes Ausbreitungs-
vermögen, rasen- bzw. wiesenartige Verbreitung.

Halm: Purpurgrün, dünntriebig,
sehr elastisch, stark verzweigt.
Blatt: Dunkelgrün glänzend,
groß- und breitblättrig, 25–30 cm,
5–8 cm breit, im Herbst vom
Rand her weiß eintrocknend,
pergamentpapierartig, im Winter weiß gerandet.
Standort: Frische bis feuchte,
nährstoffreiche Böden, sonnig
bis halbschattig. Bevorzugt
kühle und luftfeuchte Lagen.
Pflege: Nur eine Rhizomsperre
kann den starken Ausbreitungsdrang in Zaum halten. Im Frühjahr kräftig zurückschneiden.
Mäßig frosthart.
Verwendung: Gut Wurzeldruck
ertragend, Gehölzunterpflanzung, nicht zu kleinflächig verwenden.

Die schönsten Farne

Pfauenradfarn, Hufeisenfarn
Adiantum pedatum

GRAZILER FARN MIT SCHÖNEM
BLATTSCHMUCK

⬆ 40–60 cm

Wuchs: Kriechend, breitet sich
langsam, aber stetig aus, bildet
so große Horste.

Blatt: Frischgrün, auf drahtigen,
schwarz glänzenden Stielen sitzen ausgebreitete, handförmige
Wedel, die an Pfauenräder erinnern. Früh im April in zierlichen
rötlichen Spiralen austreibend,
hell- bis goldgelbe Herbstfärbung.

Standort: Frische bis feuchte,
locker humose Böden, licht- bis
halbschattig. Bevorzugt kühle
und feuchte Lagen.

Pflege: Nur flach pflanzen und
ungestört wachsen lassen.

Verwendung: Schmuckvoller
Farn für lichtschattige Partien,
nordseitig vor Mauern.

Bewährte Sorten:
- 'Imbricatum', Krauser Pfauen-
  radfarn, Zwergfarn, leicht gewellte Fiederchen, 20 cm.
- 'Japonicum', Frühroter Frauen-
  haarfarn, auffälliger rötlicher
  Austrieb, über Sommer langsam
  vergrünend, sonst wie die Art.

Übersicht der Farne	
Großfarne (⬆ über 100 cm)	
Athyrium filix-femina	Wald-Frauenfarn
Dryopteris affinis	Goldschuppenfarn
Dryopteris dilatata	Breiter Wurmfarn
Dryopteris filix-mas	Gemeiner Wurmfarn
Matteuccia struthiopteris	Trichterfarn
Osmunda regalis	Königsfarn
Mittelhohe Farne (⬆ über 50 cm)	
Adiantum pedatum	Pfauenradfarn
Athyrium niponicum 'Metallicum'	Japanischer Regenbogenfarn
Dryopteris erythrosora	Rotschleierfarn
Onoclea sensibilis	Perlfarn
Polystichum aculeatum	Glanz-Schildfarn
Polystichum setiferum	Filigranfarn
Thelypteris palustris	Sumpf-Lappenfarn
Niedrige Farne (⬆ unter 50 cm)	
Adiantum venustum	Himalaya-Frauenhaarfarn
Asplenium scolopendrium	Hirschzungenfarn
Asplenium trichomanes	Braunstieliger Streifenfarn
Blechnum spicant	Gewöhnlicher Rippenfarn
Polypodium vulgare	Gemeiner Tüpfelfarn

Adiantum pedatum 'Imbricatum', eine Sorte des Pfauenradfarns.

Asplenium scolopendrium 'Crispa'

Standort: Feuchte, locker humose und kalkreiche Böden, lichtschattig bis schattig.
Pflege: Nur flach pflanzen. Im Pflanzjahr ist ein Winterschutz ratsam, ab dem zweiten Jahr ausreichend winterhart.
Verwendung: Im Schutz von Baumstümpfen und Steinen, Rhododendrongarten, gut zu kombinieren mit konkurrenzschwachen Schattenstauden.

Bewährte Sorten:
- 'Angustifolia', Schmaler Hirschzungenfarn, sehr schmale Wedel, 40 cm lang.
- 'Crispa', Krauser Hirschzungenfarn, am Rand gewellte Wedel, 30–45 cm.
- 'Undulata', Gewellter Hirschzungenfarn, schwächer gewellt als 'Crispa' mit dunklerer Blattfarbe, 30 cm.

Himalaya-Frauenhaarfarn, Anmutiges Venushaar
Adiantum venustum

ZIERLICHER FARN FÜR DEN SCHATTENGARTEN

⬆ 20–30 cm

Wuchs: Lange kriechende Rhizome, aus denen sich die Wedel entwickeln.
Blatt: Frischgrün, feinfiedrige, elegant überhängende Wedel auf drahtigen, schwarz glänzenden Stielen. Bronzefarbene Herbstfärbung.

Ausgefallene Farnarten und -sorten finden Sie in Gärtnereien, die sich auf Farne spezialisiert haben (siehe die Bezugsquellen auf Seite 93).

Hirschzungenfarn
Asplenium scolopendrium
(Syn.: *Phyllitis scolopendrium*)

SCHMUCKVOLLER WINTERGRÜNER FARN

⬆ 40–50 cm

Wuchs: Horstig, trichterförmig.
Blatt: Glänzend dunkelgrün, länglich lanzettliche, zungenartige Wedel, ledrig, ungefiedert, wintergrün.
Standort: Durchlässige, frische bis feuchte, humusreiche und kalkhaltige Böden, halbschattig bis schattig, luftfeuchte Plätze.
Pflege: Vor Wintersonne schützen.
Verwendung: In kleineren Gruppen in Schattenpflanzungen, absonniger Steingarten, vor nordseitigen Mauern und Wänden.

Braunstieliger Streifenfarn, Steinfeder
Asplenium trichomanes

WINTERGRÜNER KLEINFARN

⬆ 15–25 cm

Wuchs: Kurze kriechende Rhizome, bei zusagenden Standorten auch rasenartig.
Blatt: Stumpf dunkelgrün, fast linealisch, einfach gefiedert, Wedel 5–20 cm lang. Gegenständige, rundlich-ovale Blättchen an rotbraunen bis schwarzbraunen Wedelstielen, wintergrün.
Standort: Durchlässige, humose, frische bis feuchte Böden, sauer bis leicht alkalisch, halbschattige Plätze, Wärme liebend.
Pflege: Die Wurzeln müssen bei der Pflanzung in Mauerfugen tief eingebettet und gut angedrückt werden. In der Anwachsphase etwas heikel.

Verwendung: Zierlicher Farn für feuchtschattige Mauerspalten und Steinfugen, an Baumstümpfen, absonnige Steingartenbereiche, Troggärten.

Wald-Frauenfarn
Athyrium filix-femina

ANSPRUCHSLOSER FARN FÜR DEN WALDGARTEN

 100–150 cm

Wuchs: Trichterförmige Horste. Mit den Jahren entwickeln sich aus kurzen Rhizomen vielköpfige, breite Pflanzen.
Blatt: Hellgrün, 2 bis 3-fach gefiederte Wedel, Fiedern zugespitzt, bis zu 1 m hoch, leicht übergeneigt, strohgelbe Herbstfärbung.
Standort: Durchlässige, humose, frische bis feuchte, saure und schwere Lehmböden. Auf feuchten Böden auch sonnig. Insgesamt anspruchslos und anpassungsfähig.
Pflege: Wässern in längeren Trockenperioden.
Verwendung: Naturgarten, in Schattenpflanzungen zusammen mit konkurrenzstarken Gehölzstauden.
Bewährte Sorten:
• 'Cristatum', Hahnenkamm-Frauenfarn, an Fiedern und Wedelspitze kurze Gabelungen und Verbänderungen, 50–70 cm.
• 'Minutissimum', Kleiner Frauenfarn, schwachwüchsiger als die Art, 40 cm.
• 'Plumosum', Fedriger Frauenfarn, feiner gefiedert als die Art, 60 cm.
• 'Rotstiel', Rotstieliger Frauenfarn, wie die Art, aber mit rötlichen Stielen, 100–150 cm.

Japanischer Regenbogenfarn
***Athyrium niponicum* 'Pictum'**
('Metallicum')

SCHMUCKVOLLER FARN MIT METALLISCHER BLATTFÄRBUNG

 50–70 cm

Wuchs: Kriechender Wurzelstock, vielköpfig, büschelig angeordnete Wedel, mit den Jahren rasenartig.
Blatt: Metallisch graugrün mit rötlich purpur gefärbten Rippen und Adern, spät austreibend, im Winter einziehend. Lang gestielte Wedel, doppelt gefiedert, lang zugespitzt.
Standort: Humose, feuchte, leicht saure Böden, licht- bis halbschattig. Bevorzugt kühle und luftfeuchte Lagen.
Pflege: Leichter Winterschutz ist empfehlenswert.

Athyrium filix-femina

Verwendung: Auffallende Schönheit unter den Freilandfarnen, reizvoller Farbkontrast, gut zu kombinieren mit Rhododendron, Schattengräsern und Gehölzstauden.

Athyrium niponicum 'Pictum'

Blechnum spicant

Gewöhnlicher Rippenfarn
Blechnum spicant

SCHÖNER HEIMISCHER FARN

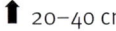 20–40 cm

Wuchs: Horstig, mit kurzen Rhizomausläufern.
Blatt: Dunkelgrün glänzend, lederartig, einfach gefiedert, rosettenartig dem Boden aufliegend, wintergrün.
Standort: Frische bis feuchte, humos saure Böden, in halbschattiger und schattiger Lage. Wichtig sind hohe Boden- und Luftfeuchtigkeit.
Pflege: Etwas schwierig anzusiedeln, besondes in den ersten Jahren etwas heikel. Vor Wintersonne schützen.
Verwendung: Als Nachbar wenig konkurrenzstark, daher nur mit schwachwüchsigen Gehölzstauden und Gräsern kombinieren. Absonnige Steingartenbereiche.

Goldschuppenfarn,
Spreuschuppiger Goldfarn
Dryopteris affinis

PRÄCHTIGER, ANSPRUCHSLOSER FARN

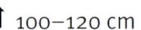 100–120 cm

Wuchs: Breit ausladende Trichter bildend.
Blatt: Dunkelgrün, mattglänzend, Wedel zweifach gefiedert, Stiele dicht beschuppt, besonders beim Austrieb, wintergrün.
Standort: Frische bis feuchte, nährstoffreiche Böden, halbschattig bis schattig. Bei ausreichender Bodenfeuchte auch absonnig.
Pflege: Sehr anspruchslos und pflegeleicht.
Verwendung: Besonders wirkungsvoll im Frühjahr, wenn sich die jungen Wedel mit ihrem goldbraunen Schuppenpelz entrollen. Stattlicher und langlebiger Gartenfarn für schattige Bereiche.

Breitwedel-Dornfarn,
Breiter Wurmfarn
Dryopteris dilatata

HEIMISCHER FARN MIT ATTRAKTIVEN WEDELTRICHTERN

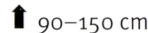 90–150 cm

Wuchs: Große Wedeltrichter.
Blatt: Dunkelgrün, dreifach gefiedert, bis über 1 m lange Wedel, bogig übergeneigt, wintergrün.
Standort: Durchlässige, frische, locker humose und kalkarme Böden in schattiger Lage.
Pflege: Die großen Wedel knicken leicht, deshalb windgeschützte Pflanzorte wählen.
Verwendung: Einzeln oder in kleinen Gruppen, Unterpflanzung von Gehölzen, großflächige Schattenpflanzungen in waldartigen Gartenpartien.

Dryopteris dilatata

Dryopteris erythrosora, der Rotschleierfarn.

Blatt: Dunkelgrüne Wedel, doppelt gefiedert. Später, aber schöner brauner Austrieb, leicht bogenförmige Wedel.
Standort: Humose, frische bis feuchte Böden, halbschattig bis schattig. Bei ausreichender Bodenfeuchte auch sonnig.
Pflege: Falllaub in der Pflanzung belassen, abgestorbene Wedel nicht entfernen, da sie die zukünftige Nahrungsgrundlage bilden. In Trockenperioden besprühen.
Verwendung: Anspruchsloser Waldfarn für naturhafte Pflanzungen, Schattenpflanzungen.
Bewährte Sorten:
• 'Crispa', Krauser Wurmfarn, wie Art, nur gekrauste, dicht stehende Fiedern, 40–50 cm.
• 'Linearis', Leiter-Wurmfarn, fein zerteilte Blätter, starkwüchsig, aber nicht wuchernd, 70–90 cm.

Rotschleierfarn
Dryopteris erythrosora

HÜBSCHER FARN FÜR DEN SCHATTENGARTEN

 50–75 cm   ◐-●

Wuchs: Büschelig wachsend, bildet nach Jahren ein vielköpfiges Dickicht.
Blatt: Dunkelgrün glänzend, Austrieb bronzerot, zweifach gefiedert, junge Wedel sind rötlich getönt, spät austreibend, wintergrün.
Standort: Tiefgründige, locker humose und frische Böden, halbschattig bis schattig. Bei hoher Bodenfeuchte auch sonnig.
Pflege: Falllaub der Gehölze unbedingt liegenlassen, es bietet den besten Winterschutz. Der

Pflanzort sollte vor Wintersonne geschützt sein. Alte Wedel beim Neuaustrieb entfernen, damit das frühlingshafte Bild nicht gestört wird.
Verwendung: Rhododendrongarten, Schattenpflanzungen.
Bewährte Sorte:
• 'Gracilis', Zierlicher Rotschleierfarn, zierlicher als die Art, 50 cm.

Gemeiner Wurmfarn
Dryopteris filix-mas

SCHMUCKVOLLER UND ROBUSTER WALDFARN

 80–120 cm   ◐-●

Wuchs: Aufrechte, breit trichterförmige Horste.

Bei der Pflege von Farnen ist zu beachten, dass das Falllaub der Gehölze unbedingt in der Pflanzung belassen werden sollte. Nur so kann ein intakter Nährstoffkreislauf funktionieren. Auch die alten Farnwedel sollten vor dem Winter nicht entfernt werden, da sie einen natürlichen Winterschutz bieten und den Austrieb schützen.

Matteuccia struthiopteris

Onoclea sensibilis

Trichterfarn, Straußfarn
Matteuccia struthiopteris

WÜCHSIGER HEIMISCHER FARN

⬆ 60–120 cm –

Wuchs: Trichterförmige Horste bildend, durch Ausläuferbildung starke Verbreitung, mit der Zeit flächendeckend.
Blatt: Frischgrün, zweifach gefiedert, im Herbst bereits bei den ersten Frösten welkend. Im Trichter entwickeln sich von Juli-August die fertilen Sporenträger, zunächst olivgrün, später schwarzbraun. Auch über Winter und als Trockenschmuck eindrucksvoll.
Standort: Humose, frische bis feuchte Böden in kühlen, luftfeuchten Lagen, halbschattig bis schattig. Bei ausreichender Boden- und Luftfeuchtigkeit auch in der Sonne.
Pflege: Ausbreitungsdrang beobachten.
Verwendung: Gut Wurzeldruckverträglich. Wüchsiger, anspruchsloser Farn mit großem Ausbreitungsdrang, nur für großflächige Schattenpflanzungen. In Trockenzeiten sprühen, um Luftfeuchtigkeit zu erhöhen. Die Wedel vergilben sonst sehr schnell.
Ähnliche Art:
• *M. pensylvanica,* zum Verwechseln ähnlich wie *M. struthiop-* *teris,* aber hellgrün gefärbt, schmalblättriger und eleganter, wuchert weniger und verlangt weniger Feuchtigkeit, bis zu 150 cm.

Perlfarn
Onoclea sensibilis

WÜCHSIGER FARN FÜR GROSSE GÄRTEN

⬆ 70–90 cm

Wuchs: Breitet sich mit flach kriechenden Rhizomen aus, durch Ausläuferbildung flächig.
Blatt: Lichtgrün, doppelt gefiederte Wedel, lang gestielt, früher Austrieb, spätfrostgefährdet. Gelblich rote Herbstfärbung. Im Sommer erscheinen kurze Sporenwedel mit perlschnurartig aufgereihten Sporenträgern.
Standort: Frische bis feuchte, humusreiche Lehmböden, licht- bis halbschattig.
Pflege: Austrieb vor Spätfrösten schützen.
Verwendung: Nur für große Gärten, die Stärke des Perlfarns ist die Besiedlung ganzer Gartenpartien. Wuchert unterschiedlich stark je nach Bodenfeuchte. Je feuchter, desto stärker der Ausbreitungsdrang. Befestigt Sumpf- und Uferflächen.

Bewährte Sorte:
• 'Rotstiel', Rotstiel-Perlfarn, mit rötlichen Stielen, bleibt etwas kleiner als die Art, weniger stark wuchernd, 70–80 cm.

Königsfarn
Osmunda regalis

EINER DER GRÖSSTEN
HEIMISCHEN FARNE

⬆ 120–150 cm ●

Wuchs: Locker horstig, aufrecht.
Blatt: Frischgrün, ledrig, doppelt gefiedert. Aufrechte, kerzenartige Sporenträger. Goldgelbe Herbstfärbung.
Standort: Feuchte, sauer humose, moorige Böden, bevorzugt schattige, luftfeuchte und winmilde Lagen. Bei hoher Bodenfeuchte auch sonnig.
Pflege: Umpflanzen vermeiden, da der Farn sonst in der Entwicklung stark zurückgeworfen wird.
Verwendung: Einzeln oder in lockeren Gruppen. Vor und zwischen Gehölzen, am Bachlauf, Teichrand.
Bewährte Sorten:
• 'Cristata', Hahnenkamm-Königsfarn, entwickelt etwas monströs gegabelte Fiederspitzen, keine Herbstfärbung, 80 cm.

Osmunda regalis, der Königsfarn.

• 'Gracilis', Zwerg-Königsfarn, zierlicher als Art, Wedel mit roten Stielen, 80 cm.
• 'Purpurascens', Purpur-Königsfarn, während des Austriebs purpurrote Stiele, 80–130 cm.

Gemeiner Tüpfelfarn, Engelsüß
Polypodium vulgare

WERTVOLLER
BODENDECKENDER FARN

⬆ 20–30 cm ◑-●

Wuchs: Durch Ausläuferbildung mit der Zeit teppichartig. Der volkstümliche Name Engelsüß bezieht sich auf die süßlich schmeckenden Rhizome.
Blatt: Dunkelgrün, derb ledrig, einfach gefiedert, wintergrün.
Standort: Durchlässige, humoslehmige, kalkarme Böden,

Farne bevorzugen lockere, humusreiche Böden auf durchlässigem Untergrund. Zur Erhöhung des Humusgehaltes können Laubkompost und/oder Weißtorf zugesetzt und gründlich eingearbeitet werden.

Polypodium vulgare

Die meisten Farne sind Waldpflanzen. Da sich das Waldklima durch eine gleichmäßige Boden- und Luftfeuchtigkeit auszeichnet, reagieren die Waldfarne in Trockenzeiten sehr positiv auf eine Erhöhung der Luftfeuchte, etwa mit Hilfe von Sprühschläuchen.

halbschattige bis schattige, luftfeuchte Lagen. Sehr anpassungsfähig.
Pflege: Pflegeleicht, eingewachsen sehr trockenheitsresistent.
Verwendung: In schattigen Gehölzpartien, Mauerspalten, Felsen.

Glanz-Schildfarn
Polystichum aculeatum

SCHMUCKVOLLER WINTERGRÜNER FARN

⬆ 60–80 cm

Wuchs: Horstig, breit trichterförmig.
Blatt: Glänzend dunkelgrün, lederartig, zwei- bis dreifach gefiedert, Wedel elegant gebogen, wintergrün.
Standort: Durchlässige, frische, humose und nährstoffreiche Böden, halbschattig bis schattig.
Pflege: Die wintergrünen Wedel bleiben grün bis zum neuen Austrieb im Mai. Rückschnitt der Wedel erst Ende April bis Anfang Mai.
Verwendung: Einzeln oder in kleineren Gruppen. Wertvoller Farn für den Schattengarten, zusammen mit Rhododendren, Schattengräsern und Waldstauden, absonnige Steingärten, vor Mauern.

Filigranfarn, Weicher Schildfarn
Polystichum setiferum

DEKORATIVER WIE SORTENREICHER FARN

⬆ 60–80 cm

Wuchs: Breite, trichterförmige Horste, Wedel locker übergeneigt, bis zu 120 cm im Durchmesser.
Blatt: Mattgrün, fein gefiederte Wedel, Wedelstiele dicht mit braunen Spreuschuppen bedeckt, wintergrün.
Standort: Frische bis feuchte, humose und nährstoffreiche Böden, halbschattig bis schattig, luftfeuchte Plätze.
Pflege: Vor Wintersonne und starken Winden geschützte Standorte wählen, nur dann wintergrün.
Verwendung: Einzeln oder in kleinen Gruppen, schmuckvoller Farn vor und zwischen Gehölzen, Unterpflanzung von lichthungrigen Laubgehölzen, Rhododendrongarten.
Bewährte Sorten:
• 'Herrenhausen', Großer Filigranfarn, breite bis 40 cm lange Wedel, 70 cm.
• 'Plumosum Densum', Flaumfeder-Filigranfarn, sehr fein zerteilte Wedel, moosartig wirkend, bis zu 50 cm lange Wedel, 40 cm.

- 'Proliferum', Brut-Filigranfarn, bildet auf der Mittelrippe eine Unzahl von Brutknospen. Schmale, bis zu 60 cm lange Wedel flach gebogen, 50 cm.

Sumpf-Lappenfarn
Thelypteris palustris

FILIGRANER FARN FÜR
FEUCHTE GARTENBEREICHE

↥ 50–60 cm ◑-●

Wuchs: Ausläufer treibend, aufrechte Wedel, die einzeln stehen.

Blatt: Frischgrün, filigrane Belaubung, zweifach gefiedert, länglich-lanzettlich, 5–15 cm lang. Die fertilen Wedel sind zierlicher, jedoch höher als die sterilen Wedel.
Standort: Feuchte, nasse Böden, sumpfig flache Ufer, Moore, bis zu 20 cm überstaute Uferbereiche. Sonnige Standorte nur bei ausreichender Bodenfeuchte.
Pflege: An Stellen, an denen das Wuchern lästig werden kann, ist eine Gefäßpflanzung zu bevorzugen.

Thelypteris palustris

Polystichum setiferum 'Proliferum', der Brut-Filigranfarn.

Verwendung: Einziger Farn, der noch in flachen Gewässern wächst. Als Uferbegrünung, am Wasserrand oder in flachen Teichzonen. Die feine Belaubung setzt spannungsvolle Kontraste zwischen Sumpf- und Wasserpflanzen.

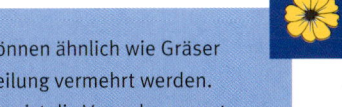

Farne können ähnlich wie Gräser durch Teilung vermehrt werden. Allerdings ist die Vermehrungsrate nicht besonders hoch. Sehr viel ergiebiger ist die Vermehrung durch Sporen (siehe Seite 91), eine Methode, die heute fast aussschließlich von Spezialbetrieben oder auch von Liebhabern genutzt wird.

Gräser und Farne verwenden und kombinieren

Gräser und Farne fallen in erster Linie durch ihren Blattschmuck und ihre Gestalt auf. Ihre schönen Eigenschaften kommen am besten in Kombination mit anderen Stauden und Gehölzen zur Geltung. Gekonnt eingesetzt, bereichern sie dann als grüne Begleiter jede Staudenpflanzung.

Nach Standort auswählen

Wie bei allen Gartenpflanzen sind auch bei der Verwendung von Gräsern zunächst die Standortansprüche als grundlegende Voraussetzung für ein dauerhaftes Gedeihen im Garten zu berücksichtigen. Da Gräser in der Natur an den unterschiedlichsten Standorten wachsen, findet sich auch für jeden Gartenbereich ein geeignetes Gras. Die Standortansprüche der Gräser werden im Porträtteil ausführlich beschrieben.

Ästhetische Faktoren

Neben den Standortansprüchen spielen ästhetische Faktoren bei der Gräserverwendung eine

◄ Gräser bereichern Pflanzungen in vielfältiger Weise. Viele trumpfen im Herbst noch mal richtig auf, indem sie prachtvolle Herbstfärbungen zeigen.

wichtige Rolle. Im Vordergrund stehen die Blattform und -färbung, die Wuchsform und der Blütenschmuck.

Blattschmuck

Gräser zieren vor allem mit dem eleganten Linienspiel ihrer Blätter. Alle Gräser zeigen eine sehr einheitliche Blattform, die in Kombination mit anderen Blattformen und -größen besonders

gut zur Wirkung kommt. Interessante Kontraste entstehen durch das Zusammenspiel mit andersartigen Blattformen wie z. B. gefiederten oder besonders großlaubigen Blättern. Je unterschiedlicher die Blattformen, desto kontrastvoller und spannender zeigt sich eine Pflanzung in ihrer Wirkung.

Blattfarbe

Neben den Blattformen und -größen bieten auch die vielen unterschiedlichen Blattfarben der Gräser interessante Gestaltungsmöglichkeiten. Die meisten Ziergräser sind grünlich gefärbt und somit vielseitig zu kombinieren. Als grüne Beglei-

Die Rasen-Schmiele *(Deschampsia cespitosa)* entwickelt üppige Blütenrispen, die sich nach der Blüte gelblich verfärben.

Wenn man Stauden mit unterschiedlichen Blattformen kombiniert, entstehen spannungsvolle Kontraste. Hier *Hakonechloa macra* 'Aureola' mit *Heuchera* und **Bergenie**.

Alle **blau- und graugrünen** Formen sind Sonne und Wärme liebende Gräser, die in steppenhaften Pflanzungen schöne Akzente setzen.

ter steigern sie in Pflanzungen die Wirkung der Blütenfarben. Mittlerweile gibt es aber auch eine erstaunliche Vielzahl von weiß- und gelbbunten Formen, blau- oder graulaubigen sowie rotbraun gefärbten Arten und Sorten bei den Gräsern. Besonders reizvoll sind die **weiß- und gelbbunten** Formen in dunklen, schattigen Gartenpartien. Dort wirken sie wie Lichtflecke, die den Schattenbereich aufhellen. An sonnigen Standorten sind weiß- und gelbbunte Gräser wirkungsvolle Begleiter für blühende Stauden. Besonders elegant kommen sie in Kombination mit weiß bzw. gelb blühenden Stauden zur Geltung, die die Blattfärbung des Grases wiederholen.

Blattfarben

Weißbunte Gräser für sonnige bis lichtschattige Standorte
- *Calamagrostis × acutiflora* 'Overdam'
- *Glyceria maxima* 'Variegata'
- *Miscanthus sinensis* 'Variegatus'
- *Phalaris arundinacea* 'Picta'

für lichtschattige bis schattige Standorte
- *Carex conica* 'Snowline'
- *Carex morrowii* 'Variegata'
- *Carex morrowii* subsp. *foliosissima* 'Ice Dance'
- *Carex muskingumensis* 'Silberstreif'
- *Carex ornithopoda* 'Variegata'
- *Luzula sylvatica* 'Marginata'
- *Molinia caerulea* 'Variegata'

Blattfarben

Gelb panaschierte Gräser für sonnige bis lichtschattige Standorte
- *Miscanthus sinensis* 'Strictus' und 'Zebrinus'
- *Phragmites australis* 'Variegatus'
- *Spartina pectinata* 'Aureomarginata'

für lichtschattige bis schattige Standorte
- *Carex elata* 'Aurea'
- *Carex oshimensis* 'Evergold'
- *Hakonechloa macra* 'Aureola'
- *Luzula sylvatica* 'Wintergold'

Blau gefärbte Gräser für sonnige Standorte
- *Festuca amethystina*
- *Festuca cinerea* (in Sorten)
- *Festuca ovina* (in Sorten)
- *Helictotrichon sempervirens*
- *Koeleria glauca*
- *Stipa gigantea*

Rot- bis rotbraun gefärbte Gräser für sonnige Standorte
- *Carex buchananii*
- *Imperata cylindrica* 'Red Baron'

Sehr außergewöhnlich sind die **Rot- und Brauntöne** einiger Gräser. Damit diese Blattfarben richtig zu Geltung kommen, benötigen sie sonnige Standorte und farblich abgestimmte Begleiter. Effektvoll können sie auch im Topfgarten präsentiert werden.

Herbstfärbung

Viele Gräser trumpfen zum Abschluß des Gartenjahres noch mit flammenden Herbstfärbungen auf. Die schönsten Herbstfärbungen zeigen gewöhnlich die Gräser, die in voller Sonne stehen. Zwar findet auch im lichten Schatten ein Farbwechsel statt, allerdings sind die Farben dort etwas gedämpfter. Je nach Witterung fällt die Herbstfärbung mehr oder weniger intensiv aus. Manche Arten und Sorten behalten ihre prachtvolle Färbung sogar bis in den Winter hinein. Zusammen mit herbstblühenden Stauden und herbstfärbenden Gehölzen bilden diese Gräser

Gräser mit schöner Herbstfärbung sind:
- *Calamagrostis* × *acutiflora* 'Karl Foerster'
- *Chasmanthium latifolium*
- *Miscanthus giganteus* 'Aksel Olsen'
- *Miscanthis sinensis* 'Malepartus', 'Silberfeder' und 'Sirene'
- *Molinia caerulea* (in Sorten)
- *Molinia arundinacea* (in Sorten)
- *Panicum virgatum* (in Sorten)
- *Pennisetum alopecuroides*
- *Schizachyrium scoparium*
- *Spodiopogon sibiricus*

Auffällig gestreifte und gefärbte Blätter zieren *Carex oshimensis* 'Evergold' (oben) und *Miscanthus sinensis* 'Strictus' (unten).

Intensives Blau zeigen Sorten von *Festuca cinerea* wie Eliah Blue' (oben). Extravagant ist die Farbe von *Carex buchananii* (unten).

Staudenpflanzungen mit Gräsern zeigen im Herbst einen weiteren Höhepunkt. Hier setzen die prachtvollen Herbstfärbungen stimmungsvolle Akzente.

ergeben sich während der Reife, wenn sich die Blütenstände leuchtend goldgelb, kupfrig oder rötlich braun verfärben. In Kombination mit herbstblühenden Stauden wirken die Blüten- und Fruchtstände besonders gut. Bei vielen Arten und Sorten zieren die Fruchtstände sogar bis in den Winter hinein. Auch in der Floristik sind die Blüten- und Fruchtstände vielseitig verwendbar. Besonders attraktiven Blüten- und Fruchtschmuck zeigen die in der nebenstehenden Tabelle zusammengestellten Gräser.

stimmungsvolle Herbstbilder. Besonders attraktive Herbstfärbungen zeigen die in der Tabelle zusammengestellten Arten und Sorten.

Wuchsformen

Bei der Verwendung von Gräsern kommt der Wuchsform und der Gestalt eine besondere Bedeutung zu, da sie über eine lange Zeit, häufig sogar über das ganze Jahr hinweg sichtbar bleibt. Durch die gezielte Verwendung besonderer Wuchsformen können in Stauden-pflanzungen wirkungsvolle Akzente gesetzt werden. Straff aufrecht wachsende Gräser wie z.B. *Calamagrostis × acutiflora* 'Karl Foerster'

oder auch verschiedene *Miscanthus*-Sorten können, wenn sie in kleineren Gruppen gepflanzt und rhythmisch wiederholt werden, ein dekoratives Grundgerüst einer Pflanzung bilden. Bogig überhängend wachsende Gräser wie z. B. *Pennisetum alopecuroides* überspielen mit ihrem elegantem Linienwurf harte Beet- oder Wegkanten .

Blüten- und Fruchtschmuck

Eine Vielzahl von Gräser schmückt sich mit prachtvollen Blütenständen, welche die Blätter deutlich überragen. Die meisten Gräser zeigen ihren Blüten- und Fruchtschmuck erst im Laufe des Sommers. Reizvolle Farbspiele

Winterschmuck

Gräser sollten grundsätzlich erst im Frühjahr zurückgeschnitten werden, denn auch das winterliche Erscheinungsbild der Gräser hat seinen Reiz. Außerdem bildet das eingetrocknete Laub einen natürlichen Winterschutz. Schnee und Frost, besonders Raureif, verwandeln die Brauntöne des Herbstes dann in ein weißes Wintermärchen. Wenn der Herbst nicht zu feucht war, behalten viele Gräser ihre Gestalt bis tief in den Winter hinein, sodass sie auch eine wichtige Raum bildende Funktion im winterlichen Garten übernehmen. Als besonders standfest und dauerhaft, auch unter Schnee-

Markante Wuchsformen kennzeichnen das straff aufrechte *Calamagrostis* × *acutiflora* 'Karl Foerster' (links), das elegant überhängende *Pennisetum alopecuroides* (Mitte) und das borstig abstehende *Helictotrichon sempervirens* (rechts).

Gräser mit auffallendem Blüten- oder Fruchtschmuck

- *Bouteloua gracilis*
- *Briza media*
- *Calamagrostis brachytricha*
- *Carex grayi*
- *Carex pseudocyperus*
- *Chasmanthium latifolium*
- *Eriophorum latifolium*
- *Hystrix patula*
- *Luzula nivea*
- *Melica ciliata*
- *Miscanthus sinensis* 'Silberfeder' und 'Silberspinne'
- *Molinia arundinacea* (in Sorten)
- *Panicum virgatum* (in Sorten)
- *Pennisetum alopecuroides*
- *Stipa calamagrostis*
- *Stipa capillata*
- *Stipa gigantea*
- *Stipa pulcherima* subsp. *nudicostata*

Besonders attraktive Fruchtstände bilden das Lampenputzergras *(Pennisetum alopecuroides,* links) und das Plattährengras *(Chasmanthium latifolium,* rechts).

Wenn Staudenpflanzungen erst im Frühjahr zurückgeschnitten werden, können reizvolle Winterbilder entstehen. Besonders Reif und Schnee verzaubern Ihren Garten.

Faustzahlen für den Platzbedarf der verschiedenen Gräser sind der Tabelle unten zu entnehmen.

Faustzahlen für den Platzbedarf
Riesengräser (⬆ über 180 cm): 1 Stück/m^2
Großgräser (⬆ über 100 cm): 1 Stück/m^2
Mittelhohe Gräser (⬆ über 40 cm): 1–3 Stück/m^2
Kleinwüchsige Gräser (⬆ unter 40 cm): 3–5 Stück/m^2

last, haben sich viele *Miscanthus*-Sorten bewährt.

Eine Bereicherung im winterlichen Garten bilden auch die verschiedenen winter- und immergrünen Gräser, wie z.B. *Carex morrowii* 'Variegata', *Carex plantaginea* oder *Luzula sylvatica*.

Pflanzweise

Gräser kommen am besten **einzeln** oder in **kleinen Gruppen** zur Wirkung. Unregelmäßig oder rhythmisch wiederholt sind solche Gräsergruppen als Gerüstbildner in Staudenpflanzungen bestens geeignet. Hervorragende Gerüstbildner sind *Calama-*

grostis × acutiflora 'Karl Foerster', Panicum virgatum oder auch viele Miscanthus-Sorten. Einige wenige können auch **kleinflächig** verwendet werden; hierzu gehören *Carex plantaginea* oder *Luzula sylvatica*. Einige außergewöhnlich stattliche Gräser sollten einen Einzelplatz bekommen, an dem sie ihre Schönheit uneingeschränkt entfalten können. **Solitärgräser** wie *Miscanthus giganteus* oder auch viele Sorten von *Miscanthus sinensis* überzeugen durch ihre imposante Größe und ihr anhaltend attraktives Aussehen. Als Blickfang setzen sie Akzente an Sitzplätzen, Wegverläufen, Terrassen, Wasserbecken oder auch in Innenhöfen.

Dominante Gräsergestalten wie hier *Stipa gigantea* zeigen in Einzelstellung am besten ihre volle Schönheit.

Verwendungsmöglichkeiten im Garten

Gräser für sonnige Rabatten

Eine große Auswahl von Gräsern gibt es für sonnige Rabatten. Ebenso wie die Rabattenstauden gedeihen auch sie am besten in voller Sonne und auf einem durchlässigen, frischen Boden. Entsprechend ihrer Größe können sie als Hintergrund, Gerüstbildner oder auch als grüne Begleiter auf Rabatten eingesetzt werden. Niedrige und mittelhohe Gräser verdecken perfekt die etwas unschön verkahlenden Stängel höherer Stauden. Als grüne Begleiter bilden die Gräser einen ruhigen Rahmen

Die gruppenweise Pflanzung von *Molinia arundinacea* 'Windspiel' setzt hier einen wirkungsvollen Rahmen zur Herbstblüte der Glattblatt-Astern *(Aster novi-belgii)*.

Gräser für sonnige Rabatten

- *Calamagrostis × acutiflora*
- *Calamagrostis brachytricha*
- *Miscanthus giganteus* 'Aksel Olsen'
- *Miscanthus sinensis* (in Sorten)
- *Molinia arundinacea* (in Sorten)
- *Panicum virgatum* (in Sorten)
- *Pennisetum alopecuroides*
- *Schizachyrium scoparium*
- *Sorghastrum nutans*
- *Spodiopogon sibiricus*
- *Sporobolus heterolepis* 'Wisconsin Strain'

für die leuchtenden Blütenfarben der Rabattenstauden. Schön zu kombinieren sind die in der Tabelle zusammengestellten Gräser mit Hochsommerblühern wie Hoher Flammenblume *(Phlox paniculata)*, Sonnenauge *(Heliopsis helianthoides)*, Sonnenhut *(Rudbeckia fulgida)* oder auch mit herbstblühenden Astern *(Aster novi-belgii, Aster dumosus, Aster novae-angliae)*.

Gräser für den Steppengarten

Unentbehrlich sind Gräser im Steppengarten und in steppenhaften Pflanzungen. Die Steppengräser benötigen einen sonnigen Standort mit durchlässigem Boden, der nicht allzu nährstoffreich sein sollte. Sommertrockenheit wird von diesen Gräsern meist gut vertragen. Gut zu kombinieren sind die Steppengräser mit trockenheitsverträglichen Stauden und Halbsträuchern. Passende Begleiter für die Steppengräser sind u. a. Bart-Iris *(Iris-*Barbata-Hybriden), verschiedene Salbei-Arten *(Salvia officinalis, Salvia nemorosa)*, Lavendel *(Lavandula angustifolia)*, Steppen-Wolfsmilch *(Euphorbia seguieriana)* und viele andere graulaubige Stauden.

Hier ergänzen sich Gräser und blühende Stauden zu einer abwechslungsreichen Pflanzung. Ein schönes Zusammenspiel von Blütenfarben und -formen sowie der verschiedenen Wuchsformen.

Ein harmonisches Staudenbeet, in dem gelbe, blaue und weiße Blütenfarben dominieren. Überragt wird der Blütenflor von den fedrigen Blütenständen des Riesen-Federgrases *(Stipa gigantea)*.

Gräser für den Schattengarten

Schattengräser können gut zusammen mit Farnen verwendet werden. Gestaltungsideen für schattige Gärtenplätze finden Sie ab Seite 76.

Gräser für den Ufer- und Wassergarten

Gräser können auch im Ufer- und Wassergarten eine dominierende Rolle einnehmen. Die Blattformen der Ziergräser bilden hier eine perfekte Ergänzung zu den den oft großlaubigen Blättern der Wasserpflanzen. Berücksichtigen sollte man bei der Auswahl allerdings die gewünschte Wassertiefe und den Ausbreitungsdrang einiger Gräser. Beispiele für Gräser, die für diese

Sehr wirkungsvoll präsentieren sich Gräser auch in Töpfen, hier *Hakonechloa macra* 'Aureola'.

Situationen passen, finden Sie in der Tabelle unten links.

Gräser für den Topfgarten

Auch als Topf- oder Kübelpflanze können Gräser die unterschiedlichsten Gartenplätze bereichern. Besonders attraktiv präsentieren sich viele buntlaubige Gräser in Gefäßen. Interessant ist eine Kübelpflanzung auch für die nicht ganz frostharten Arten und Sorten, die im Winter dann an einen geschützten Standort geräumt werden können. Gut in Zaum gehalten werden können im Kübel außerdem schmuckvolle Gräser mit Wucherneigung wie z. B. der Bunte Wasserschwaden (*Glyceria maxima* 'Variegata'). Weitere Beispiele finden Sie in der Tabelle Seite 70.

Gräser für den Ufer- und Wassergarten

- *Carex grayi*
- *Carex pseudocyperus*
- *Carex muskingumensis*
- *Eriophorum latifolium*
- *Glyceria maxima* 'Variegata'
- *Juncus effusus* 'Spiralis'
- *Phragmites australis*
- *Schoenoplectus lacustris*
- *Spartina pectinata* 'Aureomarginata'

Einjährige Gräser

Unentbehrlich sind die Einjahresgräser in reinen Sommerblumenpflanzungen. Hier können sie als Gerüstbildner oder auch als Vermittler zwischen den Blütenfarben verwendet werden. Einjährige Gräser können auch als Lückenfüller in Staudenpflanzungen eingesetzt werden. Besonders ansprechend sind sie in Pflanzungen mit zeitgleich blühenden Sommer- und Herbstblühern. Ihre Fruchtstände sind als floristisches Beiwerk sehr begehrt. Eine Auswahl schöner Sommerblumen, die sich gut mit einjährigen Gräsern kombinieren lassen, finden Sie in der Tabelle Seite 44.

Einjährige Gräser können gut mit Sommerblumen kombiniert werden. Hier *Rudbeckia hirta* zusammen mit *Pennisetum villosum*.

Die Verwendung von Bambus verlangt etwas Feingefühl, da sich seine exotisch anmutende Erscheinung nur schwer in das Gartenbild einordnet.

anmutet und bei falscher Verwendung oder im falschen Umfeld schnell als Fremdkörper wirken kann. Als Begleiter drängen sich daher Pflanzen auf, die auch aus dem asiatischen Raum stammen. In Kombination mit großblättrigen Stauden und Gehölzen wie z. B. Schaublatt (*Rodgersia*), Funkien *(Hosta)* oder der Schmuckblatt-Mahonie *(Mahonia bealei)* entstehen spannungsreiche Gartenbilder, die zusätzlich von den unterschiedlichen Grüntönen leben.

Bambus – Ein Hauch Fernost im Garten

In der Gartengestaltung bietet Bambus vielseitige Verwendungsmöglichkeiten. Er besticht mit seiner Eleganz, der immergrünen filigranen Belaubung und den schmuckvollen Halmen. Die angebotene Arten- und Sortenvielfalt lässt hinsichtlich der Größe, Form und Verwendbarkeit keine Wünsche offen. Bambus kann als **Solitärpflanze**, als **Hain**, als **Bodendecker** oder auch als **immergrüne Hecke** verwendet werden. Bestens geeignet ist Bambus auch für die **Begrünung von Innenhöfen**, da diese ein geschütztes Klima

aufweisen. Dort können auch Bambus-Arten gedeihen, die für einen freien Stand nicht ausreichend winterhart sind.
Beliebt ist Bambus als Pflanzenmaterial auch **in Verbindung mit moderner Architektur**. Er harmoniert sehr gut mit Glas, Stahl und Beton. Überall dort, wo das Auspflanzen von Bambus nicht möglich ist, kann Bambus bei entsprechender Pflege auch **im Topf** gedeihen – eine attraktive Bereicherung für Terrassen, Balkone und Dachgärten.

Pflanzpartner für Bambus

Bei der Verwendung von Bambus im Garten ist zu berücksichtigen, dass er etwas fremdartig

Bambus als Solitärpflanze

Der elegante Habitus und die betont graphische Linienführung der Halme kommen bei einer Solitärpflanzung besonders gut zur Geltung. Ein Bambussolitär benötigt allerdings viel Freiraum

Für eine Solitärpflanzung bieten sich folgende Arten an

- *Phyllostachys aureosulcata*
- *Phyllostachys nigra*
- *Phyllostachys vivax* 'Aureocaulis'
- *Pseudosasa japonica*

Für kleinere Arten und Vorgärten eignen sich *Fargesia nitida* und die Sorten von *Fargesia murieliae*.

und einen neutralen Hintergrund, damit er richtig zur Wirkung kommt. Am schönsten wirkt Bambus als Solitärpflanze in der Nähe von Wasser. Reizvoll daran ist die Spiegelung in der Wasseroberfläche. Da Bambus sehr nässeempfindlich ist, darf er nicht im Wasser stehen, sonst faulen die Rhizome. Folienteiche müssen durch Einbau einer Rhizomsperre (siehe Seite 85) vor Rhizomen geschützt werden.

Der Bambushain

Einige Bambus-Arten und -Sorten bilden mit den Jahren eindrucksvolle Bambushaine. Außer einem großen Garten braucht man allerdings viel Geduld, bis sich ein Hain richtig entwickelt hat. Die endgültige Höhe erreicht ein Bambushain erst nach 7–10 Jahren. Voraussetzung ist auch ein klimatisch begünstigter Standort. Je nach geplanter Größe des Hains pflanzt man 3–5 oder auch mehr Pflanzen. Die Ausbreitungsgrenzen sollten gleich bei der Pflanzung durch Einbau einer Rhizomsperre festgelegt werden. Ein regelmäßiger Auslichtungsschnitt (siehe Seite 86) erhöht die Transparenz und Eleganz des Hains.

Für einen Bambushain sind die hochwüchsigen *Phyllostachys*-Arten besonders gut geeignet. Empfehlenswert sind die Arten
- *Phyllostachys aureosulcata,*
- *Phyllostachys bissetii* und *Phyllostachys viridiglaucescens.*

Bambus als Bodendecker

Die niedrigen *Pleioblastus*- und *Sasa*-Arten besiedeln durch ihre starke Ausläuferbildung schnell

Die niedrigen Bambus-Arten wie *Pleioblastus variegatus* eignen sich gut zur Unterpflanzung von Gehölzen.

Begleitpflanzen für Bambusse	
Gehölze	
Acer palmatum (in Sorten)	Fächer-Ahorn
Acer japonicum (in Sorten)	Japanischer Ahorn
Hydrangea aspera	Samt-Hortensie
Ilex crenata	Japanischer Ilex
Prunus laurocerasus	Lorbeer-Kirsche
Mahonia bealei	Schmuckblatt-Mahonie
Rhododendron (Arten und Sorten)	Rhododendron
Viburnum carlesii	Duft-Schneeball
Stauden	
Astilboides tabularis	Tafelblatt
Hemerocallis (Arten und Sorten)	Taglilie
Hosta (Arten und Sorten)	Funkie
Kirengeshoma palmata	Wachsglocke
Rodgersia (in Arten)	Schaublatt
Matteuccia struthiopteris	Trichterfarn
Osmunda regalis	Königsfarn
Carex morrowii 'Variegata'	Weißbunte Japan-Segge
Hakonechloa macra 'Aureola'	Gelbbuntes Japangras
Spartina pectinata 'Aureomarginata'	Goldleisten-Bandgras

Einige Bambus-Arten können auch als frei wachsende Hecke verwendet werden. Als Immergrüne gewähren sie guten Sichtschutz.

ter gehalten werden (siehe Seite 86). In Japan werden sie häufig ganz kurz gehalten und als Rasenersatz verwendet. Nicht unterschätzen sollte man jedoch die Konkurrenzkraft dieser Arten. Kleinsträucher und Stauden sind als Nachbarn völlig ungeeignet, da sie sich gegenüber diesen Arten nicht dauerhaft behaupten können. Der Ausbreitungsdrang kann nur durch eine Rhizomsperre begrenzt werden.

Gute Bodendecker sind

- *Pleioblastus humilis* var. *pumilus*
- *Pleioblastus variegatus*
- *Pleioblastus auricomus*
- *Pleioblastus pygmaeus* var. *distichus*
- *Sasa veitchii*

größere Flächen. Somit besitzen sie hervorragende bodendeckende Eigenschaften. Hinzu kommt, dass sie immergrün, wüchsig und unverwüstlich sind. Als Unterpflanzung von halbschattigen oder absonnigen Gehölzpartien bilden *Pleioblastus*-Arten binnen kurzer Zeit dichte Teppiche. Daher ist es ausreichend, wenn 1–4 Pflanzen/m² gepflanzt werden, je nachdem, wie schnell die Fläche geschlossen sein soll. Bei 1 Pflanze/m² dauert es ca. 3–4 Jahre, bei einer Pflanzdichte von 5–8 Pflanzen/m² erzielt man bereits nach 2 Jahren eine geschlossene Fläche. Ideale Eigenschaften besitzen diese Bambus-Arten auch zur Befestigung von Böschungen und Hängen. Alle bodendeckenden Arten sind äußerst schnittverträglich, durch regelmäßigen Schnitt können sie niedriger und dich-

Bambus als Hecke

Bambushecken bieten einen idealen Sichtschutz. Sie wirken lebendiger und nicht so starr wie andere immergrüne Hecken. Allerdings wirken sie nur als frei wachsende Hecken, ein Formschnitt widerspricht der natürlichen Wuchsform. Damit die Hecke nicht zum Hain ausufert, sollte bei ausläuferbildenden Arten eine Rhizomsperre eingebaut werden (siehe Seite 85). Über die Höhe und auch die Dichte der Hecke entscheidet die Arten- und Sortenwahl. Entsprechend der Funktion, die eine Hecke im Garten übernehmen soll, besteht die Auswahl zwischen einer dichtbelaubten, vielhalmigen, kompakten Hecke und einer etwas transparenten Hecke, die dafür besonders schmuckvolle Halme zeigt. Dichter wird eine Bambushecke, indem die ältesten, unansehnlich gewordenen Halme regelmäßig ausgelichtet werden (siehe Seite 86). Die Pflanze wird dadurch zum Austrieb von neuen Halmen angeregt.

Für eine Heckenpflanzung eignen sich

- *Phyllostachys bissetii*
- *Phyllostachys aureosulcata*
- *Fargesia murieliae* 'Bimbo'
- *Fargesia murieliae* 'Jumbo'
- *Fargesia murieliae* 'Simba'

Bambus in Pflanzgefäßen

Äußerst dekorativ präsentiert sich Bambus auch in Pflanzgefäßen, als mobiles Grün können sie vielseitig eingesetzt werden. Bedingt durch den begrenzten Pflanzraum benötigt der Bambus im Kübel etwas mehr Pflege als bei Auspflanzung.

Bei der Pflanzung in Gefäße sollte man folgende Punkte beachten, damit der Bambus auch gut gedeiht:

- das Pflanzgefäß muss ausreichend groß sein, etwa drei Mal so groß wie der Wurzelballen. Es sollte frosthart und ein Mindestvolumen von 50 l aufweisen. Bedeutsam sind die Abzugslöcher, damit die Rhizome nicht faulen.
- das Pflanzsubstrat sollte nährstoffreich, strukturstabil und gut dräniert sein. Ab dem zweiten Standjahr sollte regelmäßig gedüngt werden.
- die wichtigste Pflegemaßnahme ist das gleichmäßige Gießen, auch an frostfreien Tagen im Winter.
- entscheidend ist die Arten- bzw. Sortenwahl. Wenn der Kübel im Freien überwintern soll, dürfen nur ausreichend winterharte Sorten gewählt werden.
- Der beste Winterschutz ist das Einsenken der Kübel in den Boden. Eine Alternative dazu bietet das Isolieren des Pflanzgefäßes mit Luftpolsterfolie oder auch mit Stroh. Die Isolierung soll das Durchfrieren des Wurzelballens verhindern.
- nicht winterharte Arten müssen frostfrei und bei mindestens 5 °C überwintert werden.

Geeignete Bambus-Arten für den Kübel

- *Fargesia nitida*
- *Fargesia murieliae* (in Sorten)
- *Pseudosasa japonica*
- *Pleioblastus auriconns*

Tropische Arten brauchen sogar 10 °C. Als immergrüne Pflanzen benötigen sie einen hellen Überwinterungsplatz, dunkle Kellerräume sind für Bambus völlig ungeeignet.

Auch im Topf zeigt Bambus seine volle Schönheit. Zu beachten ist allerdings der hohe Wasserbedarf.

Farne im Garten verwenden

Mehr noch als die Gräser sind die Farne reine Blattschmuckstauden. Besonders reizvoll ist bei den Farnen die große Vielfalt der Blattformen und der unterschiedlichen Grüntöne.

Farne im Schattengarten

Die meisten Farne sind Waldpflanzen, die humose und frischfeuchte Böden, verbunden mit einer gewissen Luftfeuchtigkeit, benötigen. Diese Bedingungen finden sie im lichten Schatten von Gehölzen und Sträuchern. Ideale Schattenspender sind Tiefwurzler mit lichten Kronen. Diese lassen genügend diffuses Licht durch, um den Stauden im Unterwuchs noch ein normales Wachstum zu ermöglichen. Gute Schattenspender sind die Wald-Kiefer *(Pinus sylvestris)* und die verschiedenen Lärchen-Arten *(Larix)*, kleinere Alternativen sind Zierkirschen *(Prunus)*, Zieräpfel *(Malus)* oder auch die Kupfer-Felsenbirne *(Amelanchier lamarckii)*. Geeignete Pflanzplätze für Farne bieten außerdem halbschattige bis schattige Innenhöfe sowie

Gräser für den Schattengarten

- *Carex elata* 'Aurea'
- *Carex morrowii* 'Variegata'
- *Carex ornithopoda* 'Variegata'
- *Carex oshimensis* 'Evergold'
- *Carex pendula*
- *Carex plantaginea*
- *Carex remota*
- *Carex sylvatica*
- *Deschampsia cespitosa*
- *Hakonechloa macra* 'Aureola'
- *Luzula nivea*
- *Luzula sylvatica*
- *Milium effusum* 'Aureum'

Pflanzflächen im Schatten hoher Mauern.
Attraktive Begleiter für Farne sind die Gehölz- oder Schattenstauden. Hierzu zählen natürlich auch die zahlreichen Schattengräser, die in obenstehender Tabelle zusammengefasst sind. Gut kombiniert, können so auch im Halbschatten und Schatten schmuckvolle und abwechslungsreiche Pflanzungen entstehen. Schon durch die Wahl unterschiedlicher Blattformen, -größen und -farben lassen sich interessante Wirkungen erzielen. Unentbehrlich in einer Schattenpflanzung mit Farnen und Gräsern sind großlaubige Schattenstauden wie das Schaublatt *(Rodgersia)* und die Fun-

In Schattenpflanzungen stehen die verschiedenen Grüntöne der Blätter und die unterschiedlichen Blattformen im Vordergrund.

Blühende Begleiter für den Schattengarten				
Aruncus dioicus	Wald-Geißbart	weiß	6–7	150–200 cm
Astrantia major	Große Sterndolde	silbrig weiß	6–8	50–70 cm
Bergenia cordifolia	Bergenie	weiß, rosa	4–5	30–40 cm
Cimicifuga (in Arten)	Silberkerze	weiß	7–9	120–150 cm
Epimedium (in Arten)	Elfenblume	gelb, weiß, rot	4–5	15–25 cm
Euphorbia amygdaloides	Mandelblättrige Wolfsmilch	gelblich grün	4–5	30–60 cm
Helleborus	Lenzrose, Nieswurz	gelblich, grün	2–4	25–40 cm
Hosta (in Arten und Sorten)	Funkie	weiß, violettblau	6–8	10–120 cm
Kirengeshoma palmata	Wachsglocke	zartgelb	8–9	60–90 cm
Polygonatum multiflorum	Vielblütiger Salomonssiegel	weiß	5–6	60–100 cm
Pulmonaria (Arten und Sorten)	Lungenkraut	blau, rosa, weiß	3–5	20–30 cm
Rodgersia (Arten und Sorten)	Schaublatt	cremeweiß	6–7	80–180 cm
Tiarella cordifolia	Wald-Schaumblüte	cremeweiß	5–6	15–30 cm
Vinca minor	Kleinblättriges Immergrün	hellblau, weiß	4–5	10–20 cm

kien *(Hosta),* die sich gleichermaßen attraktiv wie kontrastvoll präsentieren. Eine kleine Auswahl schöner Schattenstauden ist in der Tabelle zusammengestellt. Zum Reiz eines schattigen Gartens gehört auch das Licht- und Schattenspiel auf den Pflanzen, das durch den Wind und den Wechsel der Jahreszeiten einer ständigen Veränderung unterliegt.

Pflanzweise

Je nach ihrer Größe können Farne einzeln oder in kleinen Gruppen verwendet werden. Hohe Arten wie z. B. der Königsfarn *(Osmunda regalis)* pflanzt man am besten einzeln, also

Farne bereichern einen Frühlingsgarten mit ihrem frischen Grün und dem wirkungsvollen Entrollen der Blattwedel.

solitär. Nur wenige Arten eignen sich als kleinflächige Bodendecker, so z. B. der Himalaya-Frauenhaarfarn *(Adiantum venustum)*.
Ebenso verfährt man mit den Begleitern. Stauden, die stattliche Horte bilden, wie z. B. der Wald-Geißbart *(Aruncus dioicus),* werden einzeln gepflanzt, kleinere Stauden, wie die Bergenie (Bergenia cordifolia) oder die Große Sterndolde *(Astrantia major),* kommen am besten in gruppenweiser Pflanzung (3 bis 5 Stück) zur Wirkung. Niedrig

bleibende Arten wie die Elfenblumen *(Epimedium)* werden in
größeren Gruppen (9 bis 11
Stück) gepflanzt.
Alle Stauden sollten ihrer Größe
entsprechend gepflanzt werden,
damit sie auch richtig zur Geltung kommen. Eine schöne Beet-
ansicht entsteht, wenn man die
höheren Stauden in den hinte-
ren Beetbereich pflanzt und die
niedrig bleibenden Arten im
Vorderbereich zu sehen sind.
Dazwischen werden die mittel-
hohen Stauden eingeordnet.

Zwiebelgewächse für den Frühlingsgarten			
Anemone nemorosa	Buschwindröschen	weiß	3–4
Anemone blanda	Balkan-Anemone	blau	3–4
Eranthis hyemalis	Winterling	gelb	2–3
Galanthus nivalis	Kleines Schneeglöckchen	weiß	2–3
Hyacinthoides hispanica	Blauglöckchen	blau	5
Leucojum vernum	Märzenbecher	weiß	2–3

Im Frühlingsgarten mit Geophyten

Besonders attraktiv präsentieren sich Farne während dem

Rhododendron und Farne stellen ähnliche Ansprüche an den Boden und Standort –
daher sollten Farne in keinem Rhododendrongarten fehlen

Austrieb. Nicht nur wegen der
frischgrünen Farbtöne, sondern
auch wegen der Form ihres Austriebs. Das Entrollen der Farnwedel begeistert in jedem Frühjahr erneut. Besonders schöne
Beispiele dafür sind der Königsfarn *(Osmunda regalis)*, der
Wurmfarn *(Dryopteris)* mit seinen
vielfältigen Formen, der Frauenfarn *(Athyrium filix-femina)*, der
Trichterfarn *(Matteuccia struthiopteris)* und der Hirschzungenfarn *(Phyllitis scolopendrium)*.
Als blühende Begleiter für den
Frühlingsgarten bieten sich die
Frühlings-Platterbse *(Lathyrus
vernus)*, das Kaukasusvergiss-
meinnicht *(Brunnera macrophyl-
la)*, Gedenkemein *(Omphalodes
verna)*, die Lungenkräuter *(Pulmonaria)* und die Golderdbeere
(Waldsteinia geoides) an, die
alle bereits im April blühen.
Nicht vergessen sollte man in
einem Frühlingsbeet Zwiebelgewächse, die auch als Geopyhten
bezeichnet werden. Eine gelun-

gene Kombination, denn die im Frühjahr blühenden Geophyten blühen vor und während des Farnaustriebs. Nach der Blüte kaschieren dann die austreibenden Farnwedel das einziehende Laub der Zwiebelgewächse.

Farne und Gräser im Rhododendrongarten

Optimale Standortbedingungen für Farne und Schattengräser bietet ein Rhododendrongarten, da sie übereinstimmende Standortansprüche mit diesen Ziergehölzen aufweisen. Hinzu kommt, dass die filigranen Farnwedel und die frischgrünen Blattfarben ebenso wie die Schattengräser wirkungsvolle Blattkontraste zu den großen, dunkelgrünen Blättern der immergrünen Rhododendren bilden. Auch die farbprächtigen

Absonnige Steingartenbereiche oder Mauern bieten hervorragende Voraussetzungen für die Ansiedlung von Fels- und Mauerfarnen.

Blüten der Rhododendren kommen in grüner Begleitung von Farnen, Gräsern und Schattenstauden noch besser und leuchtkräftiger zur Wirkung.

Farne für absonnige Steingartenbereiche

Einige Farne sind ausgesprochene Fugen- und Spaltenbewohner, die am besten in absonnigen Steingartenbereichen verwendet werden. Ideale Standorte bieten diesen Fugenbewohner auch schattige, feuchte, der prallen Mittagssonne abgewandte Mauern.

Farne für absonnige Steingartenbereiche

Adiantum venustum
Himalaya-Frauenhaarfarn

Asplenium scolopendrium
Hirschzungenfarn

Asplenium trichomanes
Braunstieliger Streifenfarn

Blechnum spicant
Gewöhnlicher Rippenfarn

Polypodium vulgare
Gemeiner Tüpfelfarn

Gräser und Farne pflanzen und pflegen

Standortgerecht verwendete Gräser und Farne legen den Grundstock für pflegeleichte und dauerhafte Pflanzungen. Ergänzend sollten einige Pflanz- und Pflegehinweise beachtet werden, da auch sie einen maßgeblichen Anteil am Erfolg einer Pflanzung aufweisen.

Die beste Pflanzzeit für Gräser ist das Frühjahr, wenn der Boden bereits etwas erwärmt ist.

Gräser pflanzen und pflegen

Pflanzzeit und Pflanzung

Gräser gehören zum Standardsortiment der Staudengärtnereien. Nachdem heute eine Staudenpflanzung ohne Gräser kaum noch vorstellbar ist, hat sich auch das Gräsersortiment erheblich vergrößert. Alle Gräser werden im Topf kutiviert und können theoretisch das ganze Jahr über gepflanzt werden. Die besten Voraussetzungen für eine Gräserpflanzung bietet jedoch das Frühjahr. Der Boden ist bereits erwärmt, sodass die Wurzelbildung sofort beginnen kann. Im Herbst sind die Gräserwurzeln nur noch wenig aktiv, deshalb wachsen sie häufig schlecht an und es treten Ausfälle durch Fäulnis auf.

◀ Gräser werden heute ausschließlich im Topf angeboten. Vor dem Pflanzen sollte man sie immer gründlich wässern. Die beste Pflanzzeit ist das Frühjahr.

Standort

Vor der Pflanzung muss der richtige Standort für die jeweilige Grasart ausgewählt und vorbereitet werden. Entsprechend der Gräservielfalt können hier keine allgemeingültigen Hinweise gegeben werden, doch geben die Porträts (siehe Seite 16ff.) darüber Auskunft.

Bodenvorbereitung

Schattengräser bevorzugen ähnlich wie die Farne lockere, humose Böden. Durch Einarbeiten von Laubkompost, Kompost oder Weißtorf kann der Humusgehalt der Pflanzfläche erhöht werden.
Steppengräser fordern einen gut durchlüfteten, nicht zu nährstoffreichen Boden mit bester Wasserdurchlässigkeit. Zu schwere Böden können mit kiesigem und sandigem Material abgemagert werden.
Beetstaudenähnliche Gräser verlangen einen frischen, humos-lehmigen Boden. Durch

Einarbeiten von reifem Kompost kann die Bodenstruktur verbessert werden.

Düngung

Zu den Pflegemaßnahmen zählt auch das regelmäßige Düngen der Gräser. Bei der Düngemenge sind die Bedürfnisse der einzel-

Faustzahlen für die Gräserdüngung
Halbschatten- und Schattengräser: 30–40 g/m²
Steppengräser: 40–50 g/m²
Beetstaudenähnliche Gräser: 50–100 g/m² (je nach Größe)

Sommer- und wintergrüne Gräser werden erst im Frühjahr mit der Schere bis zur Basis zurückgeschnitten.

voller Wirkung. Besonders Raureif und Schnee verzaubern Gräser in bizarre, winterliche Gartenschönheiten.
Im Frühjahr werden alle sommer- und wintergrünen Gräser bis auf die Basis zurückgeschnitten. Bei immergrünen Gräser ist es ausreichend, wenn man beschädigte Blätter ausputzt. Ein Totalrückschnitt ist nur nach extremen Wintern und bei stark geschädigten Blättern notwendig.

Aufnehmen und Teilen veralterter Gräser (Verjüngen)

Erst nach Jahren, wenn die Gräser aus der Mitte heraus verkahlen, wird es Zeit, diese aufzunehmen und zu verjüngen. Mit dem Spaten wird der Horst in Teilstücke geteilt, die dann an einem gut vorbereitetem Pflanzort wieder eingepflanzt werden können.

Ausbreitungsdrang beobachten

Einige Ausläufer bildende Arten verbreiten sich sehr stark oder wuchern sogar. Hier ist es ratsam, den Ausbreitungsdrang zu beobachten und die Gräser regelmäßig mit dem Spaten zu verkleinern.

Sämlinge

Bei sich selbst versamenden **Sorten** sollten die Sämlinge entfernt werden, da sie in der Regel weniger attraktiv sind als die reinen Sorten. Dafür sind sie häufig wüchsiger, sodass sie die eigentlichen Sorten auf Dauer überwachsen können. Beispiele sind die vergrünenden Sämlinge der Gold-Waldhirse *(Milium effusum* 'Aureum') oder auch sehr wüchsige Sämlinge von Chinaschilf-Sorten *(Miscanthus)*. Bei **Arten** kann die Samenbildung aber auch erwünscht sein, so z. B. bei verschiedenen Feder-

Wenn Gräser wie hier aus der Mitte heraus verkahlen, wird es Zeit, sie durch Teilung zu verjüngen.

nen Arten zu berücksichtigen (siehe Angaben in den Porträts). Bewährt haben sich mineralische oder organische Volldünger. Einige Faustzahlen sind der Tabelle zu entnehmen.

Rückschnitt

Der Rückschnitt sollte bei Gräsern **grundsätzlich** erst im **Frühjahr** erfolgen, da das eingetrocknete Laub den Horsten einen Winterschutz bietet und viele Arten bei einem Herbstrückschnitt zur Fäulnis neigen. Zudem sind Grashorste und Fruchtstände auch über den Winter hinweg von eindrucks-

Um Pampasgräser vor Winternässe zu schützen, werden sie zusammengebunden und mit einer Laubdecke umgeben.

gräsern *(Stipa capillata, Stipa pulcherrima* var. *nudicostata),* da sie kurzlebig sind und die Arten sich durch Selbstaussaat erhalten. Diese Sämlinge sollten nur ausgedünnt werden, wenn sie zu dicht stehen.

Winterschutz

Einige Gräser sind empfindlich gegen Winternässe und benötigen insbesondere in exponierten Lagen einen Winterschutz.

Bei kleineren Gräsern ist eine trockene Laubschicht ausreichend, die mit Reisig befestigt wird. Beim Pampasgras *(Cortaderia)* bindet man die wintergrünen Laubschöpfe zusammen und umgibt den Horst mit trockenem Laub, das mit Reisig zusammengehalten wird. Im Frühjahr wird der Winterschutz entfernt und man schneidet die Horste zurück.

Bei winter- und immergrünen Gräsern sollte bereits bei der Pflanzung auf Standorte geachtet werden, die vor Wintersonne geschützt sind.

Vermehrung

Die Mehrzahl der Gräser wird vegetativ durch **Teilung** im Frühjahr vermehrt. Der günstigste Zeitpunkt für das Teilen ist dann, wenn die neuen Blatthalme zu sprießen beginnen. Ähnlich wie beim Verjüngen werden mit dem Spaten kleine Teilstücke abgestochen, die dann sofort wieder gepflanzt werden können.

Alle **einjährigen Gräser** werden durch **Aussaat** vermehrt und im zeitigen Frühjahr ausgesät. Die Sämlinge pikiert man nach 3–4 Wochen und topft sie nach weiteren 3–4 Wochen ein. Nach den Eisheiligen können sie im Freiland ausgepflanzt werden.

Fast alle Gräser können problemlos durch Teilung vermehrt werden. Die beste Teilungszeit ist das Frühjahr.

Bambusse pflanzen und pflegen

Bambuspflanzen werden in Baumschulen und Gartenfachmärkten angeboten. Besonders große Bambussortimente bieten Bambusgärtnereien, die sich ausschließlich auf die Kultur von Bambus spezialisiert haben. Spezialbetriebe bieten Hunderte von Arten und Sorten an, sodass sich für jeden Standort eine geeignete Art oder Sorte finden lässt.

Pflanzzeit

Die beste Pflanzzeit für Bambus liegt zwischen März und Oktober. In klimatisch weniger begünstigten Regionen ist eine **Frühjahrspflanzung** zu bevorzugen, da das Frühjahr die besten Voraussetzungen für eine erfolgreiche Pflanzung und ein siche-

Bei horstig wachsenden Bambus-Arten stehen die Halme dicht beieinander. Die Horste verbreitern sich nur langsam.

res Anwachsen bietet. Bei einer Pflanzung im Frühjahr kann der Bambus bis zum Winterbeginn gut einwurzeln und so den ersten Winter schadlos überstehen. Die neuen Wurzeln sorgen für eine ausreichende Wasserversorgung der immergrünen Bambusse im ersten Winter. Bei einer Pflanzung im Sommer ist der erhöhte Wasserbedarf zu beachten, und dass die noch jungen Halme leicht knicken.

Standort

Entscheidend für das Gedeihen von Bambussen im Garten ist der optimale Standort. Daher sollte sich die Arten- oder Sortenwahl immer am Standort orientieren. Die meisten Bambusse bevorzugen einen windgeschützten, sonnigen und lichtschattigen Gartenplatz. Ideal ist eine leichte Beschattung im Winter, die vor zu starker Wintersonne schützt. Wind- und extrem sonnenexponierte Standorte sollte man meiden, um Winterschäden durch Frosttrocknis vorzubeugen. Einige kleinwüchsige Arten (z. B. *Pleioblastus)* bevorzugen halbschattige bis schattige Lagen und eignen sich somit für Unterpflanzungen von Gehölzen.

Bodenansprüche

Bambus bevorzugt frische bis feuchte Böden mit guten Dränageeigenschaften. **Staunasse Böden sind unbedingt zu meiden**, da Bambus nässeempfindlich ist. Ideal sind nährstoffreiche sandig-humose Lehmböden. Der pH-Wert sollte im schwachsauren bis neutralen Bereich (ph-Wert 5,5–6,8) liegen. Allerdings spielt der pH-Wert bei ansonsten optimalen Bedingungen nur eine untergeordnete Rolle. Günstig sind eine hohe Luftfeuchtigkeit und gute Wasserversorgung.

Bodenverbesserung

Besondere Bodenvorbereitungen sind bei schweren und undurchlässigen Böden notwendig, die zur Staunässe neigen. Solche Böden sollten mit Lockerungsmitteln wie Kies und Sand durchlässiger gemacht werden, indem das Aushubmaterial mit Kies und Sand gestreckt wird.

Pflanzung

Das Pflanzloch für den Bambus sollte mindestens doppelt so breit sein wie der zu pflanzende Ballen. Da Bambus nährstoffreiche und locker-humose Böden liebt, kann dem Aushub reifer Kompost zugesetzt werden, der sorgfältig untergemischt wird. Wenn kein Kompost zugesetzt

Ausläufer bildende Bambus-Arten beanspruchen viel Raum, wenn sie nicht durch eine Rhizomsperre eingegrenzt werden.

wird, ist die Beimischung von Hornspänen als Grunddüngung sinnvoll. Je nach Größe des Bambusses ist eine Düngermenge zwischen 100–150 g ratsam. **Den Bambus nicht zu tief pflanzen!** Die Oberfläche des Wurzelballens darf nur leicht mit Erde überdeckt werden. Nach dem Einpflanzen wird die Pflanze gut angetreten und gründlich gewässert. Anschließend kann gemulcht werden. Als Mulchmaterialien eignen sich Rindenhumus, Kompost oder auch Laubkompost. Da bei der Zersetzung des Mulchmaterials durch die Mikroorganismen Stickstoff festgelegt wird, ist eine zusätzliche Düngermenge von 50 g/m² notwendig.

Rhizomsperre

Damit die Ausläufer bildenden Bambus-Arten im Garten nicht lästig werden, sollte man die Ausbreitungsgrenzen bereits bei der Pflanzung festlegen. Das gelingt am besten mit einer **Rhizomsperre**, die gleich beim Pflanzen gesetzt wird. Geeignet sind nicht rostende Blechstreifen, Betonringe, Wellpolyester oder Rhizomsperren aus Kunststoff, die im Fachhandel angeboten werden. Leicht biegbare Materialien wie Wellpolyester

sind zu bevorzugen, wenn man ganz natürlich verlaufene Grenzen setzen möchte.
Ausläufer bilden die Arten und Sorten von
• *Phyllostachys*
• *Pleioblastus*
• *Sasa*
• *Pseudosasa*.
Die *Fargesia*-Arten gehören zu den Horst bildenden Bambussen, die keine Rhizomsperre benötigen.

Einbau der Rhizomsperre
Die Rhizomsperre sollte 70 cm tief eingegraben werden und ca. 4–5 cm aus dem Boden herausragen. So können Rhizome, die aus der Absperrung herauswachsen, problemlos entfernt werden. An den Enden müssen sich die Rhizomsperren gut überlappen.
Auch wenn der Einbau einer Rhizomsperre beim Pflanzen zusätzliche Mühen kostet, ist der Aufwand niedriger als das laufende im-Zaum-halten der Ausläufer. Denn wenn sich ein Bambus ungehindert ausgebreitet hat, bleibt als Maßnahme zur Eingrenzung nur das Schweiß treibende Abstechen und Ausgraben der Rhizome. Somit ist der Einbau einer Rhizomsperre bei Ausläufer bildenden Arten sicherlich das kleinere Übel.

Bei Ausläufer bildenden Bambussen sollte unbedingt gleich bei der Pflanzung eine Rhizomsperre eingebaut werden.

Pflegemaßnahmen

Wässern
Bambusse brauchen während der Wachstumsphase im Sommer ausreichend Wasser und Nährstoffe. Beide Faktoren bilden die Voraussetzung für starke und hohe Bambusrohre, die bei vielen Arten und Sorten eine besondere Zierde bilden. Des-

Einfache Folien sind als Rhizomsperre nicht ausreichend, da die Bambusrhizome sehr spitz und hart sind, sodass sie beispielsweise dünnere Teichfolien problemlos durchstoßen können.

halb sollte in längeren Trockenperioden durchdringend gewässert werden. Ein sicheres Zeichen für Wassermangel ist das Zusammenrollen der Blätter.

Düngung

Bambus hat einen hohen Nährstoffbedarf. Empfehlenswert ist eine Düngung in Höhe von 50–150 g/m² je nach Größe der Pflanze. Als Dünger eignen sich Stickstoff betonte, mineralische Mehrnährstoffdünger oder auch organische Dünger wie z. B. Hornspäne. Da Bambus salzempfindlich ist, empfiehlt sich die Verwendung von **salzarmen Düngern**. Die schnell wirksamen

Das abfallende Laub sollte man aus Bambuspflanzungen nicht entfernen, da es eine wichtige Düngerquelle darstellt.

mineralischen Dünger sollten auf zwei Gaben im April und Juni verteilt werden. Ab Juli sollte man nicht mehr düngen, damit die Halme noch genügend Zeit haben, um bis zum Winter auszureifen. Außer den handelsüblichen Mehrnährstoffdüngern gibt es im Handel auch spezielle Bambusdünger, die den Siliciumbedarf berücksichtigen.

Laubfall

Auch wenn Bambusse immergrün sind, verlieren sie kontinuierlich etwas Laub. Die Blätter halten auch bei Immergrünen nicht lebenslänglich, sondern sie werden alle paar Jahre ausgewechselt. Allerdings immer nur ein Teil, sodass sie immergrün erscheinen. Das abgefallene Laub sollte nicht entfernt werden, da es eine wichtige Düngerquelle darstellt. Bei der Verrottung wird Silicium frei, das so der Pflanze wieder zur Verfügung steht und den Bedarf deckt.

Schnittmaßnahmen

Auslichten von Bambushainen

Bei vielen aufrecht wachsenden Arten und Sorten, die sich durch besonders schmuckvolle Halme auszeichnen, können gezielte Schnittmaßnahmen die faszinierende Wirkung von Bambus-

pflanzungen noch steigern. Ausgelichtete Bambushaine wirken transparenter und eleganter als Bambusdickichte, da die einzelnen Halme besser zur Geltung kommen.

Bambushalme werden nach 5–7 Jahren unansehnlich, daher ist es ratsam alle 2–3 Jahre die ältesten Halme dicht am Boden zu entfernen. Je nach persönlichem Geschmack können zwischen 10 und 20 % der Halme ausgelichtet werden.

Schnitt von Bambusmatten

Rasenartige Bambusflächen lassen sich problemlos mit Arten und Sorten von *Pleioblastus* verwirklichen. Mit Hilfe einer Heckenschere können sie kurz gehalten werden. Mit der Zeit entstehen mattenartige Teppiche, die durch ein bis zwei Schnittmaßnahmen pro Jahr auf der gewünschten Höhe von 5–30 cm gehalten werden. Großflächige Bambusmatten können auch mit einem Freischneider oder einem hoch gestellten Rasenmäher in Form gehalten werden.

Winterhärte

Das Verbreitungsgebiet der Bambus-Arten liegt im tropischen und subtropischen Klimabereich. Alle bei uns im Freiland verwen-

Einige niedrige Bambus-Arten eignen sich gut für die großflächige Unterpflanzung von Gehölzen. Bei Winterschäden kann man sie bis zum Boden zurückschneiden.

deten Bambusse stammen aus Ostasien. Dementsprechend ist es nicht verwunderlich, dass einige Arten nur als mäßig frosthart eingestuft werden. Besonders winterhart sind die *Fargesia*-Arten.

Allerdings ist auch zu berücksichtigen, dass die Winterhärte verschiedenen Faktoren unterliegt. Neben der absoluten Temperatur spielen der Standort, das Kleinklima, die Windexposition und auch die Düngung eine wichtige Rolle. Daher ist es schwierig, exakte Winterhärteangaben zu nennen.

Winterschutz
Durch entsprechende vorbeugende Maßnahmen lassen sich Winterschäden an Bambus weitgehend vermeiden. Winterschutzmaßnahmen sind vor allem im ersten Winter nach der Pflanzung zu empfehlen. Eine Winterabdeckung des Rhizombereichs mit trockenem Laub oder Stroh schützt vor Frost. Beide Materialien müssen spätestens Ende März wieder entfernt werden. Geeignet ist auch verrotteter Stallmist, der zusätzlich für gutes Sommerwachstum sorgt. Der beste Winterschutz für Bambus ist eine Schneeauflage. Der Boden wird durch den Schnee vor Frost geschützt, ebenso die Blätter. Auch wenn sich Bambushalme unter der Schneelast bis zum Boden neigen, sollte man den Schnee nicht von den Halmen entfernen. Bambushalme sind äußerst biegsam und elastisch, sodass sie sich nach der Schneelast wieder unbeschädigt erheben. Damit Bambus auch in schneelosen Wintern

nicht erfriert, kann man bei empfindlichen Arten mit einer Mulchschicht aus Laub und Stroh vorbeugen. Unter dieser Schutzschicht gefriert der Boden allenfalls oberflächlich, sodass der Bambus noch mit Wasser versorgt werden kann.

Wässern als Winterschutz-schutzmaßnahme
Die wichtigste vorbeugende Winterschutzmaßnahme ist das Gießen der immergrünen Bambusse vor Winterbeginn. Wie bei allen Immergrünen werden Winterschäden meist durch Trockenheit verursacht. Die so genannten **Frosttrocknisschäden** entstehen vor allem im Spätwinter, wenn Immergrüne durch starke Verdunstung bei intensiver Sonneneinstrahlung geschädigt werden. Wenn das Bodenwasser noch gefroren ist, kann die Pflanze nicht ausreichend Wasser nachliefern. Als Folge vertrocknen die Blätter und verbräunen. Um Winterschäden vorzubeugen, muss Bambus grundsätzlich gut gewässert in

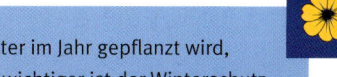
Je später im Jahr gepflanzt wird, desto wichtiger ist der Winterschutz für die Bambusse im ersten Winter.

den Winter gehen, damit bei längeren Frostperioden keine Trockenschäden auftreten. Anfang November sollte der Boden unter den Pflanzen kontrolliert und bei Trockenheit durchdringend gewässert werden. Bei Bedarf sollte auch an frostfreien Tagen im Winter intensiv gewässert werden.

Winterschäden

Wenn die Blätter vertrocknet sind, sollte man erst einmal abwarten und nicht gleich die Halme abschneiden. Häufig sind wirklich nur die Blätter und nicht die Halme geschädigt, sodass im Mai wieder neues Grün austreibt. Wenn kein Blattaustrieb erfolgt, müssen die Halme bodengleich zurückgeschnitten werden. Der Bambus wird dann mit neuen Halmen austreiben.

Vermehren von Bambus

Die beste und einfachste Vermehrungsmethode für Bambus ist das Teilen. Durch das Abstechen von Teilstücken gewinnt man gleich vollwertige Pflanzen, die an einem vorbereitetem Standort sofort gepflanzt werden können. Möglich ist auch das Abnehmen von bewurzelten Rhizomen, die allerdings einige Zeit brauchen, bis sich stattliche Horste entwickeln.

Farne fühlen sich im Schatten von Gehölzen besonders wohl. In Kombination mit Schatten verträglichen Blattschmuckstauden entstehen schöne Schattengärten.

Farne pflanzen und pflegen

Farne gehören zum Standardsortiment der Stauden. Eine gute Auswahl bieten vor allem Staudengärtnereien. Wer auf der Suche nach besonderen Arten und Sorten ist, wird sicher in speziellen Farngärtnereien fündig, die sich auf die Kultur von Farnen spezialisiert haben (siehe Bezugsquellen Seite 92). Einige der Betriebe bieten auch Versand an.

Farne werden wie andere Stauden auch in Töpfen kultiviert und zum Verkauf angeboten. Somit können Farne **während der ganzen Vegetationszeit** gepflanzt werden. Eine besonders günstige Pflanzzeit ist das Frühjahr mit Beginn der Wedelentwicklung.

Standortbedingungen

Farne zu pflanzen und zu pflegen heißt, ihnen gute Standort- und Wachstumsbedingungen zu schaffen und auch zu erhalten. Mit Ausnahme einiger Felsenbesiedler sind die Farne Waldpflanzen – daher findet sich in den Wäldern eine reiche Farnvegetation. Wälder als natürliche Standorte bieten Schutz vor hoher Sonneneinstrahlung und austrocknenden Winden. Außerdem ist das Waldklima durch eine gleichmäßige Boden- und Luftfeuchtigkeit gekennzeichnet, zudem liegen die Temperaturen etwas niedriger als in der Umgebung. In Wäldern wachsen Farne meist in einer dicken Humusschicht, in der sie nur oberflächlich wurzeln.

Pflanzorte für Farne im Garten

Wenn man Farne im Garten dauerhaft ansiedeln möchte, spielt der Pflanzplatz eine herausragende Rolle. Von den Naturstandorten lassen sich leicht die Bedingungen ableiten, die den Farnen im Garten geboten werden müssen, wenn sie gedeihen sollen.
Geeignete Pflanzflächen für Farne bieten halbschattige bis schattige Gartenplätze unter tief wurzelnden Bäumen und Sträuchern, Pflanzflächen vor Mauerwänden oder auch Beete im Schatten von Hauswänden. Die Fels-, Mauer- und Geröllfarne sollten wie in der Natur in Verbindung mit Stein verwendet werden. Pflanzorte im Garten finden sich in absonnigen Steingartenbereichen oder in Mauern.

Bodenvorbereitung

Die wichtigste Grundlage für eine Farnpflanzung ist die Bodenvorbereitung des Standor-

tes. Farne sind zumeist **Humusbewohner**, die verhältnismäßig flach wurzeln und nicht in die Tiefe gehen. Ideal ist ein humusreicher, lockerer Boden auf durchlässigem Untergrund. Falls der Boden diese Anforderungen nicht erfüllt, sollte der Standort entsprechend vorbereitet werden.
Zuerst muss die Fläche tief gelockert werden. Zur Erhöhung des Humusgehaltes können Laubkompost, Weißtorf oder eine Mischung aus beiden in die obere Bodenschicht eingearbeitet werden. Je schwerer und dichter der Boden ist, desto mehr Humusstoffe müssen eingearbeitet werden, damit eine lockere Bodenstruktur entsteht. Als Grunddüngung sollte man 50 g Hornspäne pro m² in die obere Bodenschicht einarbeiten. Zum Abschluss der Bodenvorbereitung sollte noch eine 5 cm dicke Humusschicht aufgetragen werden.

Pflanzung

Beim Pflanzen ist zu beachten, dass die horstartig wachsenden Farne nicht zu hoch gepflanzt werden, da die Wurzelstöcke allmählich nach oben wachsen. Sie sollten etwas tiefer stehen als sie beim Kauf im Topf ge-

standen haben. Eine Ausnahme bilden alle Farne mit kriechendem Wurzelstock (z. B. *Adiantum* oder *Polypodium*), die nur flach gepflanzt werden dürfen. Nach der Pflanzung müssen die Farne fest angedrückt und gut angegossen werden. Abschließend kann der Boden mit Laubkompost als Mulchschicht abgedeckt werden.

Fels- und Mauerfarne

Auch die Nischen bewohnenden Fels- und Mauerfarne brauchen einen ausreichend großen Wurzelraum in Fugen und Spalten. Die vorgesehenen Pflanzstellen füllt man mit humoser Pflanzerde. Nach dem Angießen und Setzen der Erde können die Farne in die Nischen gepflanzt werden.

Fels- und Mauerfarne wie der Streifenfarn *(Asplenium trichomanes)* eignen sich sehr gut zum Pflanzen in Fugen und Spalten von Steinen.

Pflegemaßnahmen

Farne sind Waldpflanzen und somit sind sie auf das jährliche Falllaub der Laubgehölze angewiesen. Das Laub bietet einen natürlichen Winterschutz und dient der Humusversorgung. Im Garten bedeutet dies, dass das **herabfallende Laub** unbedingt in einer Farnpflanzung **belassen** werden muss. Farnpflanzungen im Mauerschatten sollten jährlich im Herbst mit Laub oder Laubkompost überzogen werden, um den fehlenden Laubfall zu ersetzen.

Auch die abgestorbenen Farnwedel sollten über Winter an den Pflanzen belassen werden, sie bieten ebenso wie das Laub einen natürlichen Schutz gegen die Winterkälte. Das Entfernen der sommer- und wintergrünen Wedel erfolgt deshalb erst im zeitigen Frühjahr, wenn die jungen Farnwedel sich zu entwickeln beginnen. Bei vielen Farnen kann das Ausschneiden auch entfallen, da die alten Blätter von den neuen Wedeln überwachsen werden.

Nährstoffversorgung

Wenn man das Falllaub und die alten Farnwedel in der Pflanzung belässt, kann in der Regel auf regelmäßige Düngergaben verzichtet werden. Eine Düngung ist vor allem dann sinnvoll, wenn nicht jedes Jahr für eine ausreichende Humusversorgung gesorgt wird. Dann sollte man mit 30–40 g/m² eines Mehrnährstoffdüngers düngen, um die Nährstoffbilanz auszugleichen. Geeignet sind organische Dünger wie Hornspäne oder Rizinusschrot.

Erhöhung der Boden- und Luftfeuchte

Farne bevorzugen eine ausreichend hohe und gleichmäßige Boden- und Luftfeuchtigkeit. In Trockenzeiten sollte die Luftfeuchtigkeit mit Hilfe fein sprühender Regner oder Sprühschläuche erhöht werden. Dadurch wird vor allem die Luftfeuchtigkeit erhöht, die bei den Farnen fast als wichtiger zu erachten ist als die Bodenfeuchte. Durch das regelmäßige Sprühen bei trockener warmer Witterung wird das frühzeitige Verbräunen der Farnwedel im Hochsommer verhindert.

Frosttrocknis

Um winter- und immergrüne Farne vor Frosttrocknis zu schützen, ist bereits bei der Pflanzung für einen schattigen und windgeschützen Pflanzplatz zu sorgen. Frosttrocknisschäden treten vor allem bei sonnen- und windexponierten Standorten auf.

Über Winter sollte man die Farnwedel unbedingt an den Pflanzen belassen, da sie einen natürlichen Winterschutz bieten.

Bei der Sporenaussaat bilden sich zunächst kleine grüne Vorkeime, aus
denen sich dann die Farne entwickeln.

Vermehrung von Farnen

Die generative Vermehrung von
Farnen erfordert viel Erfahrung
und bleibt daher den Spezialbetrieben überlassen.

Teilung
Eine einfache und leicht durch-
führbare Vermehrungsmethode
bei Farnen ist das Teilen. Der
beste Zeitpunkt für die Teilung
ist das Frühjahr mit Triebbeginn,
wenn sich die Wedel gerade entrollen. Der Farn wird vorsichtig
ausgegraben und von der losen
Erde befreit. Farne mit kriechenden Rhizomen können mit dem
Messer in kleine Teilstücke zer-
legt werden. Bei Trichter bildenden Arten werden die kleineren
Teilpflanzen abgetrennt. Dabei
ist darauf zu achten, dass die
Wurzeln möglichst wenig be-
schädigt werden, damit die Teilstücke gut anwachsen können.
Die so erhaltenen Teilpflanzen
werden am besten erst nach

einer halbjährigen Vorkultur im
Topf im Garten ausgepflanzt.

Vermehrung durch Sporen
Die Vermehrung der Farne durch
Sporen ist die ergiebigste Ver-
mehrungsart, allerdings auch
etwas langwieriger. Als Aussaat-
erde ist reiner Weißtorf gut geeignet, der vorher mit kochen-
dem Wasser keimfrei gemacht
wird. Zuerst werden die Sporen
gesammelt. Die Reifezeiten
variieren bei den verschiedenen
Arten von Spätsommer bis
Herbst. Die Sporen sind reif,
wenn sich die Sporenbehälter
von Grün nach Braun verfärben.
Bei der Ernte werden die Farnwedel abgeschnitten und in
Tüten verpackt. Sobald die Wedel
etwas antrocknen, fallen die
reifen Sporen aus. Sie können
dann sofort ausgesät werden.
Die Sporen werden dünn gesät
und leicht angedrückt, jedoch
nicht abgedeckt. Nach der Aussaat stellt man die Saatschalen
an einem schattigen, warmen Ort
auf und hält sie feucht. Nach
etwa 4–6 Wochen bilden sich
grüne Vorkeime (Prothallien).
Diese entwickeln sich zu einem
Prothallienrasen, aus dem später junge Farnpflänzchen entstehen. Wenn die ersten Wedel
sichtbar werden, kann man die
Pflänzchen pikieren.

auf einen blick

Gräser:
- Die beste Pflanzzeit für Gräser ist
  das Frühjahr.
- Sommer- und wintergrüne Gräser
  sollten grundsätzlich erst im Frühjahr zurückgeschnitten werden.
- Aus der Mitte heraus verkahlende
  Grashorste sollte man durch Teilung
  verjüngen.
- Sämlinge von Sorten entfernt man
  besser, da sie meistens weniger
  attraktiv sind als die Sorten.
- Empfindliche Gräser sollten im
  Winter mit einer trockenen Laubschicht geschützt werden.

Bambusse:
- Während der Wachstumszeit und vor
  Winterbeginn ausreichend wässern.
- Für eine gute Nährstoffversorgung
  sorgen.
- Das abgefallene Laub in der Pflan-
  zung belassen.
- Ein Winterschutz ist nur im Pflanz-
  jahr und bei empfindlichen Arten
  erforderlich.

Farne:
- Falllaub unbedingt in der Pflanzung
  belassen, es bietet einen natürlichen
  Winterschutz und ist wichtig für die
  Humusbildung und Nährstoffversor-
  gung.
- Alte sommer- und wintergrüne Farn-
  wedel sollten man erst im Frühjahr
  entfernen, auch sie schützen im
  Winter.
- Bei vielen Arten kann auf den Schnitt
  verzichtet werden, da die alten
  Wedel rasch überwachsen werden.

Bezugsquellen und Adressen

Die nachfolgenden Bezugs-
quellen erheben keinen
Anspruch auf Vollständig-
keit. Über den Bund deut-
scher Staudengärtner
(BdS) erhalten Sie eine Liste
mit Adressen aller Mit-
gliedsbetriebe und ihren
Sortimentsschwerpunkten.

Bund deutscher Staudengärtner (BdS)

Godesberger Allee 142–148
53175 Bonn
www.stauden.de
www.staudensichtung.de

Staudengärtnereien

Klaus Jentsch
Spezialgärtnerei
Rayskistraße 1–5
01219 Dresden

Lux-Stauden
Breitscheidstr. 5
01237 Dresden

Staudengärtnerei Manig
Parkweg 19
04938 Uebigau

Foerster Stauden
Am Raubfang 6
14469 Potsdam-Bornim
www.foerster-stauden.de

Staudengärtnerei Härlen
Unter den Linden 100
21435 Stelle

re-natur
Staudengärtnerei
Plöner Str. 10
24619 Bornhöved

Staudengärtnerei
Jürgen Peters
Auf dem Flidd 20 a
25436 Uetersen
www.Alpine-Peters.de

Hans-Joachim Wachter
Rollbarg 17
25482 Appen-Etz

Stauden Junge
Seeangerweg 1
31787 Hameln
www.staudenjunge.de

Staudengärtnerei Klose
Rosenstr. 10
34253 Lohfelden bei Kassel

Staudenkulturen Arends
und Maubach
Monschaustr. 76
42369 Wuppertal

Helmut Stade
Beckenstrang 24
46325 Borken-Marbeck
www.stauden-stade.de

Behrens Gartenpflanzen
Soerser Weg 27
52070 Aachen
www.behrens-
gartenpflanzen.de

Kayser & Seibert
Odenwälder Pflanzenkulturen
Wilhelm-Leuschner-Straße 85
64380 Rossdorf
www.kayserundseibert.de

Huben Pflanzenhandel GmbH
Schriesheimer Fußweg 7
68526 Ladenburg

Häussermann
Stauden und Gehölze
Im Kornfeld 4
71696 Möglingen

Staudengärtnerei Schöllkopf
Gewann Heckwiesen
72770 Reutlingen-Betzingen
www.staudengärtnerei-
schoellkopf.de

Gärtnerei Hügin
Zähringer Straße 281
79108 Freiburg

Staudengärtnerei
Gräfin von Zeppelin
79295 Sulzburg
www.graefin-v-zeppelin.com

Staudengärtnerei Rolf Peine
An der B471
82296 Schöngeising

Stauden
Erich Heim
Kalterer Straße 10
86165 Augsburg
www.baumschule-heim.de

Baumschule und
Staudengärtnerei Wörlein
Baumschulweg 9
86911 Diessen/Ammersee
www.woerlein.de

Staudengärtnerei
Dieter Gaißmayer
Jungviehweide 3
89257 Illertissen
www.staudengaissmayer.de

Gerhard Rudolf
Hagenhausen,
am Kohlgrub
90518 Altdorf b. Nürnberg

Rainer Goldmann
Alte Reutstraße 265
90765 Fürth-Braunsbach

Staudenkulturen
Doris Ehrhardt
Neustadter Straße 25
91085 Weisendorf
www.stauden-ehrhardt.de

Staudengärtnerei Augustin
Neunkirchener Str. 15
91090 Effeltrich

Staudengärtnerei Näpfel
Nürnberger Straße 99
91710 Gunzenhausen

Der Bamberger
Staudengarten Strobler
Gundelsheimer Straße 80
96052 Bamberg
www.bamberger-
staudengarten.de

Sortiments- und
Versuchsgärtnerei Simon
Staudenweg 2
97828 Marktheidenfeld
www.gaertnerei-simon.de

Gärtnerei Bartel
Am Tennisplatz 4
99092 Erfurt

Siegmar Poltermann
Weimarische Straße 27f
99099 Erfurt

Österreich

Stauden Feldweber
A-4974 Ort im
Innkreis 139
www.feldweber.com
www.staude.at

Sarastro Stauden
Christian H. Kreß
Ort 131
A-4974 Ort im Innkreis
www.sarastro-stauden.com

Schweiz

Staudengärtnerei,
Baumschulen
Hansuli Friedrich
CH-8476 Stammheim

Stichwortverzeichnis

Bildnachweis:

Adams: 4u, 46, 50
Borstell: 1, 2/3, 5, 14, 15, 17u, 18, 190, 24, 27u, 30u, 31u, 320, 32u, 34, 410, 45u, 450, 48, 53, 55, 57, 580, 60, 89, 90, 63, 650l, 64ul, 64ur, 670r, 710, 73, 75, 76, 78
Brand: 700, 70u
GBA/Didillon: 6, 37, 39u, 42
GBA/GPL: 680
Hagen: 9u, 90, 20, 21u, 22, 310, 33, 47, 52u, 520, 670m, 840, 85, 86, 87
Leyhe: 11, 250, 40, 64, 77u, 81, 82u, 83l, 91
Pforr: 8, 23, 66, 67ul
Redeleit: 84u
Reinhard: 7, 100, 29u, 290, 36u, 38, 43, 54, 560, 59, 62, 650r, 67ur, 71u, 72, 74, 79, 88
Seidl: 40, 100/Einkl., 160, 170, 210, 25u, 26, 270, 28, 35, 360, 390, 41u, 44, 49, 51, 550, 56u, 58u, 61u, 610, 670l, 69
Strauß: 10u, 12, 16u, 19u, 300, 68u, 80, 820, 83r

Bibliographische Information Der Deutschen Bibliothek
Die Deutsche Bibliothek verzeichnet diese Publikation in der Deutschen Nationalbibliografie; detaillierte bibliografische Daten sind Internet über http://dnb.ddb.de abrufbar.

BLV Verlagsgesellschaft mbH München Wien Zürich
80797 München

© 2003 BLV Verlagsgesellschaft mbH, München

Umschlagkonzeption: Studio Schübel, München

Umschlagfotos: Borstell (Vorderseite oben und unten) Borstell (Rückseite)

Layoutkonzept Innenteil: Studio Schübel, München

Lektorat: Dr. Thomas Hagen
Herstellung: Hermann Maxant

Layout: Anton Walter, Gundelfingen
Satz: DTP-Design Walter, Gundelfingen
Reproduktionen: Repro Ludwig, A-Zell am See

Gedruckt auf chlorfrei gebleichtem Papier

Printed in Germany ·
ISBN 3-405-16427-3

Die schönsten Pflanzen für den Garten

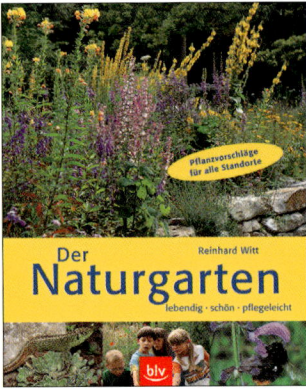

Rosa Wolf / Fotos: Ursel Borstell
Gartenpflanzen
Praxis-Handbuch
Ein Muss für jeden Gärtner – das Handbuch mit Langzeitnutzen: über 450 Blumen und Gehölze in ausführlichen Porträts, Kombinations- und Gestaltungsbeispiele mit Pflanzplänen für typische Gartenbereiche, Pflegekalender.

Martin Stangl
Stauden im Garten
Sonnen-, Schatten- und Prachtstauden, Gräser und Steingartenstauden: alle wichtigen Arten und Sorten mit Informationen zu Auswahl, Pflanzung und Pflege; Gestaltungsvorschläge mit Pflanzplänen, Arbeitskalender.

blv garten plus
Dorothée Waechter
Schattenplätze im Garten
Die besten Pflanzen speziell für schattige Plätze: Stauden, Zwiebelblumen, Gräser, Farne, Gehölze; pflegeleichte Gestaltungsideen für alle Jahreszeiten, Pflanzung und Pflege, Düngen, Rückschnitt, Pflanzenschutz.

blv garten plus
Ulrike Leyhe
Blütenstauden
Die 90 schönsten Stauden und Gräser für sonnige, halbschattige und schattige Beete: Verwendung, Anlage eines Staudenbeetes, Kombinationsmöglichkeiten mit anderen Pflanzen, Einkauf, Pflanzung, Pflege.

Reinhard Witt
Der Naturgarten
Das Praxisbuch: Idee und Planung, Anlage Schritt für Schritt, Gestaltungsideen für alle Gartenbereiche, Naturerlebnis- und Spielgärten für Kinder, schöne Naturgarten-Beispiele – private Gärten und öffentliche Anlagen. Empfohlen von Naturgarten e.V.

Dorothée Waechter
Lazy – Die Pflanzen
148 robuste, pflegeleichte Pflanzenarten, die die Gartenarbeit erleichtern: Stauden, Bodendecker, Gräser und Farne, Sommerblumen, Zwiebel- und Knollenpflanzen, Rosen, Kletterpflanzen, Sträucher und Heckenpflanzen, Bäume.

Im BLV Verlag finden Sie Bücher zu den Themen: Garten und Zimmerpflanzen • Natur • Heimtiere • Jagd und Angeln • Pferde und Reiten • Sport und Fitness • Wandern und Alpinismus • Essen und Trinken

Ausführliche Informationen erhalten Sie bei:
BLV Verlagsgesellschaft mbH • Postfach 40 03 20 • 80703 München
Tel. 089 / 127 05-0 • Fax 089 / 127 05-543 • http://www.blv.de